बालक बना महान

प्रेरक बाल-कथाएं

कुसुम अग्रवाल

ISBN 979-888569168-0

क्रम-सूची

भूमिका

❧

इस पुस्तक में ऐसे व्यक्तियों के बचपन की सच्ची कहानियां हैं जिन्होंने अपने जीवन में बहुत से ऐसे काम किये और ऊंचाइयों को छुआ कि उनका जीवन हमारे लिए प्रेरणा स्रोत बन गया है।

कहानियों में बताया गया है कि उन व्यक्तियों ने अपने बचपन में किन-किन कठिनाइयों का सामना किया।परंतु फिर भी वे नहीं डरे और अंत में उन्होंने अपने लक्ष्य को प्राप्त किया साथ ही मानवता की सच्चे सेवक के रूप में पहचाने गए।

चाहे विज्ञान का क्षेत्र को या कला का,चाहे राजनीति का क्षेत्र हो या धर्म का या हम खेलों और देश-प्रेम की बात करें, हर क्षेत्र में सफलता पाने के लिए जन्मजात प्रतिभा के साथ-साथ बचपन से ही ईमानदारी और सच्चाई सादगी बहादुरी तथा धैर्य जैसे सद्गुणों और सच्ची लगन का होना भी ज़रूरी है।

सभी के पास पर्याप्त साधन नहीं होते। हमें अपने सीमित साधनों का उपयोग करके ही आगे बढ़ना होता है। महान पुरुषों का बचपन भी ऐसा नहीं लगता परंतु फिर भी वे आगे बढ़े। क्योंकि उसमें साहस और क़ीमतों की कोई कमी नहीं थी महान पुरुषों का बचपन भी आम बच्चों जैसा ही था हाँ इतना अवश्य कह सकते हैं कि पूत के पाँव पालने में ही नज़र आ जाते है। यह कहावत महान व्यक्तियों पर अवश्य चरितार्थ होती है।

कुसुम अग्रवाल

1

आजादी की मनोभावना

बात उस समय की है जब हमारा देश स्वतंत्र नहीं हुआ था। उत्तर प्रदेश के इलाहाबाद नामक शहर में एक मशहूर बैरिस्टर मोतीलाल रहते थे जो अपने काम में तो काफी मशक्कत करते ही थे, इसके साथ साथ वे स्वदेशी आंदोलनों में भी बढ़-चढ़ कर हिस्सा लेते थे। फलस्वरूप उनके घर में आजादी का मतलब और उसके मूल्यों की चर्चा आम थी।

उन्ही बैरिस्टर के घर में एक बगीचा भी था जिसमें फल-फूलों के वृक्षों के साथ एक तोता भी पलता था। तोता पिंजरे में बंद रहता था। बगीचे का माली बगीचे की देखभाल के साथ-साथ उस तोते का भी ख्याल रखता था। बैरिस्टर साहब को उस तोते से विशेष प्रेम था। वे आते-जाते तोते का हाल-चाल पूछते रहते थे।

बैरिस्टर साहब का किशोर पुत्र भी उसी तोते से अपना मन बहलाया करता था। तोता भी उस किशोर से काफी घुल-मिल गया था। किशोर को देखते ही वह तोता बोलने लग जाता था तथा वह किशोर भी उसकी बातों को समझने की कोशिश करता था।

एक दिन जब वह किशोर उस तोते के पिंजरे के पास गया तो तोता उसे देखकर जोरों से अपने पंख फड़फड़ाने लगा और बोलने लगा।

उस किशोर ने बड़े ध्यान से तोते की फड़फड़ाहट देखी और उसकी बात को समझने की कोशिश की। फिर उसे न जाने क्या समझ आया उसने पिंजरे का दरवाजा खोल दिया जिससे वह तोता पिंजरे में से निकलकर उड़ गया।

यह देखकर माली घबरा गया और बोला- छोटे मालिक, आपने यह क्या किया। अब मुझे बड़े मालिक से डाँट खानी पड़ेगी।

इतनी ही देर में बैरिस्टर साहब भी आ पहुँचे। खाली पिंजरा देखते ही वे भौचक्के रह गए और बोले- अरे! तोता कहाँ गया?

यह प्रश्न सुनकर माली ने अपना सिर झुका लिया परंतु कोई उत्तर नहीं दिया और किशोर की ओर इशारा कर दिया।

इस पर वह किशोर बोला- पिताजी , इसमें माली काका का कोई दोष नहीं। मैंने ही पिंजरे का दरवाजा खोल कर उस तोते को उड़ा दिया।

- मगर क्यों? क्या तुम नहीं जानते कि वह तोता मुझे कितना प्रिय था? बैरिस्टर साहब ने किशोर से नाराज होते हुए कहा।

इस पर वह किशोर बोला- जानता हूं वह तोता आपको बहुत प्रिय था और आपके साथ-साथ मुझे भी। परंतु यह कहां का न्याय है कि जो हमें प्रिय लगे उसे हम अपने घर में कैद कर लें? आप एक स्वतंत्रता सेनानी हैं और भारत की आजादी के लिए निरंतर संघर्ष कर रहे हैं क्योंकि आप जानते हैं कि गुलामी क्या होती है। आपके साथ-साथ मुझे भी गुलामी से घृणा हो गई है तथा स्वतंत्रता से प्रेम अतः मैं अपने घर में किसी को गुलाम नहीं रख सकता।

आज जब मैं तोते के पास आया तो वह पिंजरे में फड़फड़ाने लगा और मुझसे कुछ कहने लगा। मुझे यह महसूस हुआ कि यह अपनी आजादी के लिए फड़फड़ा रहा है तथा मुझे कह रहा है- मुझे आजाद कर दो। अतः मैंने उसी आजाद कर दिया।

किशोर की बात सुनकर बैरिस्टर साहिब एक क्षण तो नाराज हुए परंतु फिर सोचने पर विवश हो गए। और अंत में इस नतीजे पर पहुंचे कि उस किशोर ने जो कुछ किया वह सर्वथा उचित था क्योंकि उसे आजादी की मनोभावना की समझ आने लगी थी। उन्होंने किशोर को अपने हृदय से लगा लिया।

जानते हो वह किशोर कौन था? वह कोई और नहीं हमारे देश के प्रथम प्रधानमंत्री जवाहरलाल नेहरु थे जिन्होंने स्वाधीनता संग्राम में बढ़-चढ़कर हिस्सा लिया तथा स्वतंत्र भारत के प्रथम प्रधानमंत्री बनने का गौरव प्राप्त किया।

जवाहरलाल नेहरू बच्चों से विशेष प्रेम करते थे और बच्चे भी उन्हें चाचा-चाचा कहकर पुकारते थे। इसीलिए जवाहरलाल नेहरु के जन्म दिवस यानी 14 नंबर को बाल-दिवस के रूप में मनाया जाता है।

2

पिकनिक पर खजूर

माँ, मुझे कल पिकनिक पर जाना है- छोटे से बालक लाल ने घर आते ही अपनी माँ से कहा।

- अच्छी बात है। चले जाना। कहकर माँ अपने काम में लग गई।

- मां, मैं बाजार जाकर कुछ नाश्ता ले आऊँ। कल पिकनिक पर ले जाऊँगा- लाल ने अपनी माँ से फिर कहा।

यह सुनकर माँ थोड़ी सोच में पड़ गई क्योंकि घर में आर्थिक तंगी थी और इस वक्त उसके पास बाजार से नाश्ता लाने के पैसे नहीं थे।

अतः उसने कहा- बेटा लाल, तुम घर में से ही कुछ ले जाना। अभी मेरे पास पैसे नहीं हैं।

इस पर लाल उदास हो गया और बोला- माँ, घर पर तो कुछ भी नहीं है। केवल रोटी सब्जी है। मेरे सभी मित्र तरह-तरह के बिस्कुट, टॉफियाँ वगैरह लाएंगे। मुझे भी वही सब चाहिए वरना जब सब दोस्त वह चीजें खाएँगे तो मैं उनकी मुँह की तरफ देखूँगा।

- नहीं, नहीं ऐसी बात नहीं है। तुम स्वादिष्ट खाना लेकर जाना। अरे हां! याद आया। कुछ खजूर भी रखे हैं। वह भी लेते जाना।

- शिट्! खजूर भी कोई पिकनिक पर ले जाए जाते हैं? और रोटी सब्जी तो मैं रोज ही खाता हूँ। यह कहकर बालक लाल कुछ मायूस होकर एक ओर बैठ गया। बेटे को मायूस देख कर माँ को कुछ चिंता हुई।

कुछ ही देर में बालक के पिता घर आ गए। माँ ने उनको सारी बात बताई। सुनकर पिता बोले- बस इतनी सी बात के लिए उदास हो गया मेरा बेटा। मैं अभी इसकी उदासी दूर कर देता हूँ। यह कहकर वे फिर से बाहर जाने को हुए।

बालक लाल बैठा-बैठा देख रहा था। पिता को चप्पल पहनते देखकर वह बोला- पिताजी, आप कहाँ जा रहे हैं?

पिताजी बोले- बेटा, मैं मेरे एक मित्र के घर जा रहा हूं। मैं चाहता हूं कि मैं उससे कुछ रुपए उधार ले लूं ताकि उन रूपयों से तेरे पिकनिक पर ले जाने के लिए बिस्किट आदि ला सकूँ।

पिताजी की बात सुनकर बालक झट से उठ खड़ा हुआ और पिता को रोकते हुए बोला- नहीं पिताजी, केवल मेरे नाश्ते के लिए आपको रुपए उधार लेने की कोई आवश्यकता नहीं है। मैं नहीं चाहता कि हम झूठे दिखावे के लिए कर्ज में डूब जाए। मैं पिकनिक पर वही सामान लेकर जाऊँगा जो हमारे घर में उपलब्ध है। उधार के पैसे से तरह-तरह का नाश्ता ले जाने से अच्छा है खजूर ले कर जाना।

बालक की इतनी समझदारी भरी बातें सुनकर पिता का हृदय गदगद हो उठा। उन्होंने आगे बढ़कर बालक लाल को अपने हृदय से लगा लिया तथा बोले- बेटा तुझे पाकर मैं धन्य हो गया। तूने छोटा होकर भी इतनी बड़ी बात कही है कि बड़े-बड़े भी नहीं कह पाते हैं। तेरी यही समझदारी जीवन में सदा तेरे काम आएगी और देखना एक दिन पूरी दुनिया तेरी जय-जयकार करेगी। और ऐसा ही हुआ।

जानते हो यह बालक लाल कौन था? यह था हमारे देश की स्वतंत्रता के लिए लड़ने वाले प्रमुख क्रांतिकारी दल लाल-पाल-बाल का लाल यानी कि लाला लाजपत राय।

लाला लाजपत राय का जन्म 28 जनवरी 1865 को पंजाब के मोगा जिले में एक अग्रवाल परिवार में हुआ था। पेशे से वकील होकर भी यह स्वतंत्रता संग्राम में भाग लेने के लिए भारतीय राष्ट्रीय कांग्रेस से जुड़ गए तथा गरम दल के प्रमुख बन गए। इन्होंने स्वामी दयानंद सरस्वती के साथ मिलकर पंजाब में आर्य समाज को लोकप्रिय बनाया तथा लाला हंसराज के साथ मिलकर दयानंद एंग्लो वैदिक विद्यालयों (डी.ए.वी. स्कूलों) का प्रसार किया।

30 अक्टूबर 1928 को लाहौर में साइमन कमीशन के विरुद्ध आयोजित एक विशाल प्रदर्शन में हिस्सा लेने पर पुलिस ने इनके शरीर पर लाठियों से वार किए जिसके फलस्वरूप

ये बुरी तरह से घायल हो गए तथा अंत में 17 नवंबर 1928 को शहीद हो गए। मरते समय इन्होंने कहा था- मेरी शरीर पर पड़ी एक-एक लाठी ब्रिटिश सरकार के ताबूत में एक-एक कील का काम करेगी। लाला जी के वचन सत्य हुए और उनके बलिदान के 20 साल के भीतर ही ब्रिटिश साम्राज्य का सूर्य अस्त हो गया।

3

राष्ट्र का स्वर

माँ, मेरा गीत सुनो ना- नन्ही सी हेमा ने रसोईघर में आकर अपनी माँ से कहा।

- नहीं, अभी नहीं। अभी बाहर जाओ। देखती नहीं अभी मैं मेहमानों के लिए खाना बना रही हूँ। माँ शेवन्ती ने अपनी ज्येष्ठ पुत्री हेमा को मीठी डाँट लगाते हुए कहा।

परंतु वह कब मानने वाली थी। 28 सितंबर 1929 को मध्य प्रदेश के इंदौर शहर के एक मराठा परिवार में जन्मी यह बेटी बड़ी ही नटखट और चंचल थी। उस पर अभिनय और गायकी की शौकीन। होती भी क्यों ना? उसके पिता पंडित दीनानाथ मंगेशकर रंगमंच के कलाकार और गायक जो थे। वे अपनी पत्नी शेवन्ती के साथ मिलकर एक नाट्यशाला भी चलाते थे।

अतः हेमा को यह कला विरासत में मिली थी। उम्र भले ही 5 वर्ष की थी परंतु गाने की समझ ऐसी कि बड़े-बड़ों के भी कान काट ले। जैसा सुनती, वैसा ही सीख लेती थी। फिर अपनी प्रतिभा दिखाने के लिए कोई तो चाहिए था। अतः अपनी माँ को पकड़ती।

- नहीं माँ, पहले मेरा गाना सुनो। मैंने अभी-अभी नया सीखा है। बाबू जी दूसरे बच्चों को सिखा रहे थे, मैंने ध्यान से सुना और सीख लिया। बहुत अच्छा है - हेमा ने मचलते हुए कहा।

- अच्छा चल सुना- माँ ने रोटी बेलते-बेलते कहा।

- नहीं ऐसे नहीं। ध्यान से सुनो। मेरी ओर देखकर। हेमा ने अपनी माँ का मुँह पकड़कर अपनी ओर करते हुए कहा।

आखिर शेवन्ती को नटखट हेमा की बात माननी ही पड़ी। हेमा ने गाना शुरू किया। वह गाते-गाते बीच बीच में अपनी माँ की ओर भी देख लेती थी कि वह उसका गाना ध्यान से सुन रही है या नहीं। माँ को उसका गाना अच्छा लग रहा है या नहीं, माँ के हावभाव देखकर हेमा को यह तो पता चल ही जाता था।

हमेशा की तरह उस दिन भी नन्ही हेमा ने इतना मधुर गीत सुनाया कि माँ हेमा का गीत सुनते-सुनते उसमें खो गई।

-देख मैं हर रोज तेरा गाना सुनती हूँ। अब तू भी मेरा कहना मान। तू स्कूल भी जाया कर। बहुत दिनों से देख रही हूँ। तू स्कूल नहीं जाती है। एक दिन मां ने हेमा को समझाते हुए कहा।

-नहीं, नहीं, नहीं, मैं कभी स्कूल नहीं जाऊँगी। पता है स्कूल वाले बहुत लालची हैं। वे कहते हैं अपनी बहिन आशा को साथ लाना है तो उसकी फीस भी लेकर आओ। मैं नहीं जाऊँगी ऐसे स्कूल में। मैं घर पर ही संगीत सीखूँगी। हेमा ने स्कूल जाने के लिए साफ मना करते हुए कहा और फिर अपने पिता के पास भाग गई जहाँ उनकी अन्य छोटे भाई-बहन भी थे- आशा, उषा और मीना और हृदय। संगीत सीखने वाले बच्चे चले गए थे। अब उनकी बारी थी।

दीनानाथ जी ने अपने पाँचों बच्चों को संगीत के सुरों का ज्ञान देना शुरू कर दिया था। वैसे तो सारे बच्चे ही होनहार थे। परंतु हेमा सर्वाधिक चंचल होने के साथ-साथ गुणी भी थी। वह संगीत के सुरों को बहुत जल्दी पकड़ लेती थी। जिससे दीनानाथजी बहुत खुश रहते थे। आखिर वह उनकी सबसे बड़ी बेटी जो थी। वह अपने सभी छोटे भाई-बहनों को बड़े प्यार से संभालती थी।

एक दिन दीनानाथ जी ने हेमा को कहा- अब से तुम्हे लता ही कहूँगा। जब से तुमने नाटक में भाग लिया है, उसमें रखा तुम्हारा नाम लतिके मेरे मन को भा गया है। तब से मुझे यह महसूस होने लगा है कि तुम्हारे लिए लता नाम ज्यादा सही है।

- ठीक है। नन्ही हेमा अपने नए नाम लता से बहुत खुश थी।

एक दिन सभी भाई-बहन आपस में बातें कर रहे थे कि आशा ने कहा- दीदी, पहले तो तुम बात-बात पर नाराज होकर घर छोड़ने की बात करती थीं और अपने कपड़ो की गठरी बाँध कर घर के बाहर निकल जातीं थीं और माँ के मनाने पर ही आतीं थीं। तुम आजकल ऐसा

क्यों नहीं करतीं?

इस पर लता बोली- जिस दिन से बाबूजी ने माँ को मना कर दिया कि इसे मनाने के लिए इसके पीछे-पीछे नहीं जाना है, और माँ नहीं आई। उस दिन से मुझे समझ में आ गया कि मेरा यह पैंतरा अब चलने वाला नहीं है अतः मैंने यह छोड़ दिया। यह सुनकर सभी हँसने लगे।

-लता तुम यह फिल्मी गानों का शौक छोड़ दो। केवल शास्त्रीय संगीत में ही रुचि रखो क्योंकि वही गरिमापूर्ण है। पिता दीनानाथ ने एक दिन लता को समझाते हुए कहा परंतु लता तो संगीत की दीवानी थी- चाहे वह फिल्मी हो या शास्त्रीय।

एक बार उसे एक प्रतियोगिता के बारे में पता चला। उन दिनों एक फिल्म रिलीज हुई थी - खजांची। उसका एक गाना- 'सावन के नजारे हैं' मास्टर गुलाम हैदर और शमशाद बेगम ने गाया था। वह गाना इतना प्रसिद्ध हुआ कि फिल्म वालों ने एक प्रतियोगिता का आयोजन किया। इस प्रतियोगिता में उस प्रत्याशी को पुरस्कार दिया जाना था जो सबसे बेहतरीन ढंग से खजांची फिल्म के गानों को निर्णायकों के सामने गा सके। लता इस प्रतियोगिता में हिस्सा लेने के लिए मचल गई। परंतु उसे अपने पिता दीनानाथ जी से डर लगता था क्योंकि वह इसके पक्षधर नहीं थे।

संजोग से दीनानाथ जी को एक आवश्यक काम से मुंबई जाना पड़ा। फिर क्या था? लता को सुनहरी अवसर मिल गया। वह प्रतियोगिता में भाग लेने के लिए इंदौर से पुणे पहुंच गई। प्रतियोगिता में भाग लेने के लिए 114 लड़कियां आई थीं। प्रतियोगिता में भाग लेने से पहले अपना परिचय देना जरूरी था। जब लता को स्टेज पर बुलाया गया तो उसने बहुत तेज आवाज में बताया- मैं लता दीनानाथ मंगेशकर। मौजूद श्रोताओं ने बहुत तेज ताली बजाई क्योंकि उन दिनों शास्त्रीय संगीत के क्षेत्र में दीनानाथ मंगेशकर का नाम बहुत सम्मान के नाम से साथ लिया जाता था तथा यह बोलते वक्त लता के अंदर भरे हुए आत्मविश्वास को देखकर वे आश्वस्त हो गए थे कि यह लड़की अवश्य ही कुछ कमाल दिखाएगी और वही हुआ।

लता ने बहुत ही सुरीली आवाज में दो गीत गाए 'लौट गई पापन अंधियारी' और 'नैनो के बाट की रीत'। इस प्रतियोगिता में लता ने प्रथम पुरस्कार हासिल किया और उसे पुरस्कार के तहत एक 'दिलरुबा' (वाद्य-यंत्र) मिला। लता के जीवन का यह पहला पुरस्कार था।

घर आकर लता ने यह पुरस्कार अपने पिता को दिखाया। एक बार तो पिता नाराज हुए परंतु फिर उन्होंने लता को गले से लगा लिया और कहा- बेटी, यदि तू हार जाती तो मेरी नाक कट जाती परंतु तूने दीनानाथ का नाम डूबने नहीं दिया। तू मेरा गुरुर है। 11 साल की लता अपने पिता के इस उत्साहवर्धन से और आगे बढ़ने लगी। परंतु उसके पिता अभी भी फिल्मों में गाने के खिलाफ थे।

दुर्भाग्यवश 1942 में दीनानाथ जी की मृत्यु हो गई। उस समय लता केवल 13 वर्ष की थी। घर की बड़ी बेटी होने के कारण घर का आर्थिक भार उसके कंधों पर आ पड़ा।

- माँ विनायक दामोदर चाचा घर आए हैं। एक दिन लता ने अपनी माँ को कहा। विनायक चाचा दीनानाथ जी के बहुत अच्छे मित्र थे तथा नवयुग चित्रपट फिल्म कंपनी के मालिक भी थे।

- भाभी लता में अभिनय प्रतिभा है अतः इसे फिल्मों में काम मिल सकता है जिससे अच्छी आमदनी हो जाएगी। परंतु इसके लिए हमें मुंबई जाना होगा। विनायक चाचा ने कहा।

लता की माँ ने हामी भर दी और विनायक चाचा सब को लेकर मुंबई आ गए। मुंबई में लता को एक मराठी फिल्म 'पाहिली मंगलागौर' में काम मिल गया। उसके पश्चात 'माझे बा' , 'चिमुकला संसा' , 'गजभाऊ', 'बड़ी माँ', 'जीवन यात्रा' आदि कई फिल्मों में भी काम मिला। परंतु लता का असली शौक तो गायन था। इसमें गुलाम हैदर जी लता की मदद करने आगे आए।

परंतु उन दिनों गायकी के क्षेत्र में नूरजहाँ, अमीरबाई, शमशाद बेगम, राजकुमारी आदि की तूती बोलती थी। ऐसे में अपनी पहचान बनाना इतना आसान नहीं था।

लता मौके की तलाश में रहने लगी। आखिर उसे अपनी प्रतिभा दिखाने का मौका मिल ही गया और उसने एक मराठी फिल्म के लिए गीत गाया भी परंतु दुर्भाग्यवश को रिलीज नहीं हो पाया। बात वहीं की वहीं रही।

एक दिन गुलाम हैदर लता को एक फिल्म निर्माता 'शशधर मुखर्जी' के स्टूडियो लेकर गए ताकि वह उनकी फिल्म 'शहीद' के गीत गा सके। परंतु लता की आवाज सुनकर उन्होंने यह कहते हुए मना कर दिया- इसकी लड़की की आवाज बहुत पतली है। अतः पार्श्व गायन के लिए ठीक नहीं है।

इस पर गुलाम हैदर , जो कि लता की प्रतिभा के बहुत कायल थे, ने गुस्से में आकर कहा- देख लेना, एक दिन ऐसा आयेगा कि सभी लोग इसी लड़की के आगे नाक रगड़कर विनती करेंगे कि हमारी फिल्मों के लिए गाओ। और ऐसा ही हुआ। धीरे-धीरे अपनी मेहनत लगन और प्रतिभा से लता पार्श्व गायन के क्षेत्र में अपनी जगह बनाती गई।

1947 में बसंत जोगलेकर ने अपनी फिल्म 'आपकी सेवा' में लता को गाने का मौका दिया। इसके बाद 1948 में लता ने 'मजबूर' फिल्म के गाने 'अंग्रेजी छोरा चला गया' 'दिल मेरा तोड़ा हाय मुझे कहीं का ना छोड़ा तेरे प्यार ने' गाकर प्रसिद्धि पाई। परंतु 1949 में फिल्म ''महल'' के लिए गाया उसका एक गीत 'आएगा आने वाला' इतना प्रसिद्ध हुआ कि उसके बाद से लता ने पीछे मुड़कर नहीं देखा और रातों-रात सुप्रसिद्ध गायिका बन गई।

यही लता यानी कि हमारी लता मंगेशकर जी। जिनका छह दशकों का कार्यकाल उपलब्धियों से भरा पड़ा है। लता मंगेशकर जी ने लगभग 30 से ज्यादा भाषाओं में फिल्मी और गैर फिल्मी गाने गाए हैं। लेकिन उनकी पहचान भारतीय सिनेमा में एक पार्श्व गायिका के रूप में ही रही है।

लता की जादुई आवाज के भारतीय उपमहाद्वीप के साथ-साथ पूरी दुनिया के लोग दीवाने हैं। लता जी गायकी को ही पूजा मानती हैं और अभी भी नंगे पाँव ही गातीं हैं।

गायकी के क्षेत्र में उन्हें अनगिनत पुरस्कार मिल चुके हैं- जैसे फिल्म फेयर पुरस्कार, राष्ट्रीय पुरस्कार, दादा साहब फाल्के पुरस्कार, पदम विभूषण आदि। लता मंगेशकर को स्वर-सम्राज्ञी, राष्ट्र की आवाज, सहराब्दी की आवाज, भारत कोकिला आदि भी कहते हैं।

अमरीकी वैज्ञानिकों का क्या कहना है कि लता मंगेशकर की आवाज इतनी सुरीली है कि ऐसी ना पहले कभी सुनी है और ना ही भविष्य में सुनाई देगी। यह ईश्वर का चमत्कार है।

लता मंगेशकर का नाम, सर्वाधिक गानों की रिकॉर्डिंग के लिए, गिनीज बुक ऑफ वर्ल्ड रिकॉर्ड्स में भी अंकित है। वे फिल्म इंडस्ट्री की पहली महिला हैं जिन्हें भारत रत्न और दादा साहब फाल्के पुरस्कार प्राप्त हुआ है। 1974 में लंदन के सुप्रसिद्ध रॉयल अल्बर्ट हॉल में उन्हें पहली भारतीय गायिका के रूप में गाने का अवसर भी प्राप्त है। कहते हैं एक बार लता ने अपनी मधुर व दर्द भरी आवाज में शहीदों की स्मृति में एक गीत 'ए मेरे वतन के लोगों' इतना भावपूर्ण गाया था कि उसे सुनकर तत्कालीन प्रधानमंत्री जवाहरलाल नेहरू रो पड़े थे। अभी लता एक 89 वर्ष की हैं। लता मंगेशकर एक जीवित किंवदंती हैं। ईश्वर उन्हें दीर्घायु प्रदान करे।

4
हॉकी का जादूगर

एक 14 वर्षीय बालक अपने पिता के साथ हॉकी का खेल देखने गया। जैसा कि खेल का नियम है एक पक्ष तो हारता ही है मगर उस बालक से उस पक्ष की हार बर्दाश्त नहीं हुई और वह बोला- पिताजी यदि मैं इस कमज़ोर पक्ष के साथ खेलता तो परिणाम कुछ और ही होता।

एक ऑफ़िसर बालक की बात सुन रहा था। उसने बालक को खेल के मैदान में जाने की इजाज़त दे दी। वहाँ जाकर उस बालक ने लगातार 4 गोल किए और लोगों को आश्चर्य चकित कर दिया। बालक की इस प्रतिभा को देखकर उसे 16 वर्ष की उम्र में ही सेना में भर्ती कर लिया गया। मगर वह बालक अपने आपको हॉकी से अलग नहीं कर पाया था हालाँकि सेना में कार्यरत होने के कारण उसे हॉकी खेलने का समय नहीं मिलता था परंतु अपनी लगन के

कारण वह रात को चाँद की रोशनी में हॉकी खेला करता था इसलिए उस बालक का नाम ध्यान सिंह से ध्यानचंद हो गया। यही बालक बड़ा होकर हॉकी का जादूगर मेजर ध्यानचंद कहलाया।

ध्यानचंद का जन्म 29 अगस्त 1905 को इलाहाबाद में हुआ था इनके पिता का नाम समेश्वर दत्त सिंह और माता का नाम शारदा सिंह था इनका जन्म एक राजपूत परिवार में हुआ था। इनके पिता सिंह ब्रिटिश इंडियन आर्मी में थे और वे आर्मी के लिए ही हॉकी खेलते थे। मेजर ध्यानचंद के दो भाई और थे जिनका नाम मूल सिंह और रूप सिंह था।

महारानी लक्ष्मी बाई गवर्नमेंट कॉलेज से साधारण शिक्षा प्राप्त करने के बाद 16 वर्ष की आयु में वे 1922 में दिल्ली के 'प्रथम ब्राह्मण रेजिमेंट' में सेना में एक साधारण सिपाही की हैसियत से भर्ती हुए। 'प्रथम ब्राह्मण रेजिमेंट' में भर्ती हुए उस समय तक उनकी हॉकी के प्रति कोई विशेष दिलचस्पी नहीं थी। ध्यानचंद को हॉकी खेलने के लिए प्रेरित करने का रेजीमेंट के सूबेदार मेजर तिवारी को जाता है। मेजर तिवारी हॉकी प्रेमी और एक खिलाड़ी थे। उनकी देखरेख में ही ध्यान चंद ने हॉकी खेलना शुरू किया और देखते ही देखते हैं दुनिया के एक महान खिलाड़ी बन गए। 1927 में लांस नायक बना दिए गए।

1932 में लॉस ऐनज्ल्स जाने पर नायक नियुक्त हुए। 1937 में जब भारतीय हॉकी दल के कप्तान थे तो उन्हें सूबेदार बना दिया गया। द्वितीय युद्ध आरंभ हुआ था तो 1943 लेफ्टिनेट नियुक्त हुए और भारत के स्वतंत्र होने पर 1948 में कप्तान बना दिए गए। केवल हॉकी खेल के कारण उनकी सेना में पदोन्नति होती गई। 1938 में उन्हे वायसराय का कमीशन' मिला और वे सूबेदार बना दिए गए। इसके बाद में वे एक के बाद दूसरे पदों पर उन्नति करते चले गए और बाद में उन्हे मेजर बना दिया गया।

ध्यानचंद के खेल से जुड़े कई ऐसे पहलू है जहां पर उनकी प्रतिभा को देखा गया था। एक मैच में ध्यान ध्यानचंद की टीम दो गोल से हार रही थी तो उन्होंने आखिरी 4 मिनट में 3 गोल मार कर टीम को जिताया था। यह पंजाब टूर्नामेंट झेलम में हुआ था। इसके बाद में ही ध्यानचंद को हॉकी विजार्ड कहा जाने लगा।

1925 में ध्यान चंद ने पहला नेशनल हॉकी टूर्नामेंट गेम खेला। इस मैच में विज , उत्तर प्रदेश, पंजाब, बंगाल, राजपूताना, और मध्य भारत ने भी भाग लिया था। इस टूर्नामेंट में उनकी प्रतिभा को देखते हुए ही उनका सिलेक्शन भारत के इंटरनेशनल हॉकी टीम में किया गया था।

1926 में न्यूजीलैंड में होने वाले टूर्नामेंट के लिए ध्यान चंद को चुना गया। यहां एक मैच के दौरान भारतीय टीम ने 20 गोल किए थे जिनमें से 10 गोल ध्यानचंद ने किए थे। इस टूर्नामेंट में भारत ने 21 मैच खेले थे जिनमें से 18 में भारत को जीत मिली एक में हार गए थे तथा 2 मैच ड्रा हो गए थे। भारतीय टीम ने इस पूरे टूर्नामेंट के दौरान 192 गोल किए थे जिसमें से 100 गोल ध्यानचंद ने किए थे। न्यूजीलैंड से लौटने के बाद ध्यान चंद को आर्मी में लांस नायक बना दिया गया था। 1927 में लंदन फोल्कस्टोन फेस्टिवल में भारत ने 10

मैचों में 72 गोल किए थे जिसमें 36 गोल ध्यानचंद ने किए थे।

ध्यानचंद ने तीन ओलिम्पिक खेलों में भारत का प्रतिनिधित्व किया तथा तीनों बार देश को स्वर्ण पदक दिलाया। भारत ने 1932 में 37 मैचों में 338 गोल किए, जिसमें 133 गोल तो केवल ध्यानचंद ने किए थे।

दूसरे विश्व युद्ध से पहले ध्यानचंद ने 1928 (एम्सटर्डम), 1932 (लॉस एंजिल्स) और 1936 (बर्लिन) में लगातार तीन ओलिंपिक खेलों में भारत को हॉकी में गोल्ड मेडल दिलाए।

अगर दूसरा विश्व युद्ध न हुआ होता तो वह छह ओलिंपिक में शिरकत करने वाले दुनिया के संभवत: पहले खिलाड़ी होते ही और इस बात में शक की क़तई गुंजाइश नहीं इन सभी ओलिंपिक खेलों का गोल्ड मेडल भी भारत के ही नाम होता।

1928 में एम्सटर्डम ओलम्पिक खेलों में पहली बार भारतीय टीम ने भाग लिया। भारत ने आस्ट्रेलिया को 6-0 से, बेल्जियम को 9-0 से, डेनमार्क को 6-0 से, स्विटज़रलैंड को 6-0 से हराया और इस प्रकार भारतीय टीम फाइनल में पहुँच गई। फाइनल में भारत और हालैंड का मुकाबला था। फाइनल मैच में भारत ने हालैंड को 3-0 से हरा दिया। इसमें दो गोल ध्यानचंद ने किए।

1932 में लास एंजिल्स में हुई ओलम्पिक प्रतियोगिताओं में भारत ही जीता, जिसमे ध्यानचंद ने 262 में से 101 गोल स्वयं किए। निर्णायक मैच में भारत ने अमेरिका को 24-1 से हराया था। तब एक अमेरिका समाचार पत्र ने लिखा था कि "भारतीय हॉकी टीम तो पूर्व से आया तूफान थी और उसने अपने वेग से अमेरिकी टीम के ग्यारह खिलाड़ियों को कुचल दिया"।

1936 के बर्लिन ओलंपिक खेलों में ध्यानचंद को भारतीय टीम का कप्तान चुना गया। इस पर उन्होंने आश्चर्य प्रकट करते हुए कहा – मुझे ज़रा भी आशा नहीं थी कि मैं कप्तान चुना जाऊँगा खैर, उन्होंने अपने इस दायित्व को बड़ी ईमानदारी के साथ निभाया। 15 अगस्त 1936 को भारत और जर्मन के बीच फाइनल मुकाबला हुआ। भारतीय खिलाड़ी जमकर खेले और जर्मन की टीम को 8-1 से हरा दिया।

ध्यानचंद ने अपना अंतिम अंतर्राष्ट्रीय मैच 1948 में खेला। अंतर्राष्ट्रीय मैचों में उन्होंने 400 से अधिक गोल किए। इसके बाद उन्होंने नवयुवकों को गुरु-मंत्र सिखाने शुरू कर दिए और राजस्थान के माउंट आबू में कोच का काम करने लगे। इसके बाद उन्होंने पटियाला के नेशनल इंस्टिट्यूट ऑफ़ स्पोर्ट के मुख्य हॉकी कोच होने के पद को स्वीकार किया और कई सालो तक उसी पद रहते हुए काम भी किया।

किसी भी खिलाड़ी की महानता को नापने का सबसे बड़ा पैमाना है कि उसके साथ कितनी किंवदंतियाँ घटनाएं और किस्से जुड़े हैं। उस हिसाब से तो मेजर ध्यानचंद का कोई जवाब नहीं है, इनमें से कुछ इस प्रकार से हैं।

हॉकी की बॉल ध्यानचंद की ही हॉकी से क्यों चिपकी रहती थी, यह देखने के लिए हॉलैंड में उनकी स्टिक को तोड़ कर भी देखा गया था कि कहीं उसमें चुम्बक तो नही है।

अपने ज़माने में इस खिलाड़ी ने किस हद तक अपनी प्रतिभा का लोहा मनवाया होगा इसका अंदाज़ा केवल इस बात से लगाया जा सकता है कि वियना के स्पोर्ट्स क्लब में उनकी एक मूर्ति लगाई गई है, जिसमें उनके चार हाथ और उनमें चार हॉकी स्टिकें दिखाई गई हैं, मानों कि वो कोई देवता हों।

दो बार के ओलंपिक चैंपियन केशव दत्त ने कहते हैं कि बहुत से लोग उनकी मज़बूत कलाईयों ओर ड्रिब्लिंग के कायल थे। "लेकिन उनकी असली प्रतिभा उनके दिमाग़ में थी, वो उस ढ़ंग से हॉकी के मैदान को देख सकते थे जैसे शतरंज का खिलाड़ी चेस बोर्ड को देखता है। उनको बिना देखे ही पता होता था कि मैदान के किस हिस्से में उनकी टीम के खिलाड़ी और प्रतिद्वंदी मूव कर रहे हैं।"

1936 के ओलंपिक खेल शुरू होने से पहले एक अभ्यास मैच में भारतीय टीम जर्मनी से 4-1 से हार गई। ध्यान चंद अपनी आत्मकथा 'गोल' में लिखते हैं, "मैं जब तक जीवित रहूँगा इस हार को कभी नहीं भूलूंगा।

करिश्माई खिलाड़ी 1948 और 1952 में भारत के लिए खेलने वाले नंदी सिंह का कहना है कि ध्यानचंद के खेल की ख़ासियत थी कि वो गेंद को अपने पास ज़्यादा देर तक नहीं रखते थे। उनके पास बहुत नपे-तुले शॉट्स होते थे और वो किसी भी कोण से गोल कर सकते थे।

15 अगस्त, 1936 को हुए फाइनल में मैच से पहले वाली रात को बर्लिन में जमकर बारिश हुई थी, इसी वजह से मैदान गीला था। भारतीय टीम के पास स्पाइक वाले जूतों की सुविधा नहीं थी और सपाट तलवे वाले रबड़ के जूते लगातार फिसल रहे थे। भारतीय कप्तान ने इस समस्या का समाधान ढूंढा और हाफ टाइम के बाद जूते उतार कर नंगे पांव ही खेलना शुरू कर दिया और गोल दागने की रफ्तार बढ़ा दी। भारत ने 8-1 से जर्मनी को रौंदकर गोल्ड मेडल पर कब्जा जमा लिया।

क्रिकेट के महानायक सर डॉन ब्रेडमेन ने ध्यानचंद के लिए कहा है – "वह क्रिकेट के रनों की भांति गोल बनाते है।"

जर्मनी के एक संपादक ने ध्यानचंद की उत्तम खेल कला के बारे में इस तरह टिप्पणी की है – "कलाई का एक घुमाव, आँखों देखी एक झलक, एक तेज मोड़, और फिर ध्यानचंद का जोरदार गोल।"

1936 का ओलंपिक फाइनल भारत और जर्मनी के बीच में हुआ था। 25 हजार लोगो से भरे हुए उस स्टेडियम में से एक दुनिया का सबसे बड़ा तानाशाह हिटलर भी था।

उस फ़ाइनल में भारत ने 16 गोल किये और जर्मनी ने 1 गोल और उस 16 गोल में से 15 गोल अकेले ध्यानचंद ने किए थे। ये सब हिटलर देख रहा था। मैच खत्म होने के बाद रात को हिटलर ने ध्यानचंद को अपने कमरे में बुलाया।

हिटलर ने ध्यानचंद से पूछा कि हॉकी खेलने के अलावा क्या करते हो। लांच नायर ने बताया कि मैं आर्मी में काम करता हूँ। तभी दुनिया के तानाशाह ने ध्यानचंद से कहा कि तुम्हारे देश ने तुम्हें क्या दिया है? आज भी तुम सूबेदार हो। हमारे पास जर्मनी में आ जाओ।

तुम्हारी जिंदगी बदल जायेगी।

अब बात देश की आ गई थी इसलिए लांच नायर ध्यानचंद ने जवाब दिया कि मेरे देश की जिम्मेदारी नहीं है मुझे आगे बढ़ाने की। ये मेरी जिम्मेदारी है कि मै अपने देश को कैसे आगे बढ़ाऊँ।

इस तरह देशभक्ति से लबरेज ध्यानचंद ने हिटलर के इतने बड़े प्रस्ताव को सविनम्र ठुकरा दिया था।

टीम में ध्यानचंद की उपस्तिथि मात्र से ही विपक्षी टीमें घबराने लगती थीं। ध्यानचंद और उनके भाई रूप सिंह हॉकी टिवंस के नाम से प्रसिद्ध थे। दोनों भाइयों में खेल की सूझबूझ और तालमेल इतना अच्छा था कि विपक्षियों में दोनों भाइयों कि जोड़ी को अग्रिम पंक्ति की खतरनाक जोड़ी माना जाता था। अपने छोटे कद के बावजूद ध्यानचंद की चाल – ढाल, भाव – भंगिमा गंभीर और सम्मान भरी थी।

भारत-पाकिस्तान के विभाजन के बाद भारतीय हॉकी टीम एक बार पेशावर जा रही थी। लाहौर रेलवे स्टेशन पर कुछ हॉकी प्रेमियों ने ध्यानचंद को देख लिया। इसके बाद ध्यानचंद की एक झलक पाने के लिए हज़ारों की भीड़ स्टेशन पर जमा हो गई थी।

लंदन ओलिंपिक (2012) के दौरान एक मेट्रो स्टेशन का नाम ध्यानचंद के नाम पर रखा गया था।

विश्व हॉकी जगत के शिखर पर जादूगर की तरह छाए रहने वाले मेजर ध्यानचंद कैंसर जैसी लंबी बीमारी को झेलते हुए 3 दिसम्बर, 1979 को मृत्यु को प्राप्त हो गए। झांसी में उनका अंतिम संस्कार किसी घाट पर न होकर उस मैदान पर किया गया, जहां वो हॉकी खेला करते थे। अपनी आत्मकथा 'गोल' में उन्होंने लिखा था, आपको मालूम होना चाहिए कि मैं बहुत साधारण आदमी हूं।

1956 में, 51 साल की उम्र में मेजर के पद पर कार्य करते हुए वे सेवानिवृत हुए थे और इसके बाद उसी साल भारत सरकार ने उन्हें भारत के तीसरे सर्वोच्च सम्मान पद्म भूषण देकर सम्मानित किया।

इनकी मृत्यु के बाद उनके जीवन के प्रति सम्मान प्रकट करने के लिए भारत की राजधानी दिल्ली में उनके नाम से एक हॉकी स्टेडियम का उद्घाटन किया गया। इसके अलावा भारतीय डाक सेवा ने भी ध्यानचंद के नाम से डाक-टिकट चलाई।

उनके जन्मदिन को भारत का राष्ट्रीय खेल दिवस घोषित किया गया है। इसी दिन खेल में उत्कृष्ट प्रदर्शन के लिए राष्ट्रीय पुरस्कार अर्जुन और द्रोणाचार्य पुरस्कार प्रदान किए जाते हैं। उनकी याद मे सरकार ने ध्यानचंद पुरस्कार रखा है

भारतीय ओलम्पिक संघ ने ध्यानचंद को शताब्दी का खिलाड़ी घोषित किया था।

मेजर ध्यानचंद ने हॉकी के जरिये देश का आत्मगौरव बढ़ाया है उन्होंने उस दौर में हॉकी को चरम पर पहुंचाया, जब न तो विज्ञापनों से इतना पैसा मिलता था, न मीडिया की इतनी अधिक हाइप मिलती थी। फौज से मिलने वाली सैलरी और खेलों से मिलने वाली राशि के

सहयोग से मेजर ध्यानचंद ने इस खेल को अपना जीवन समर्पित कर दिया। इस महान खिलाड़ी को यह देश हमेशा शत-शत नमन करता रहेगा।

अगर वक्त किसी चीज को लौटाना चाहे तो बेशक हर एक भारतीय खेल जगत मेजर ध्यानचंद को मांगना चाहेगा। उनसा न कोई हुआ और हो सकता है भविष्य में न हो। खेल से खिलाड़ी की पहचान बनती है लेकिन ध्यानचंद तो हॉकी का आइना बन गए थे।

लेकिन हॉकी के जादूगर मेजर ध्यानचंद को देश वो सबसे बड़ा सम्मान "भारत रत्न" आज भी नहीं दे पाया है जो दुनिया के सबसे बड़े तानाशाह एडॉल्फ हिटलर तक के प्रस्ताव को ठुकरा कर आया था और जिसकी बदौलत आज भारत की झोली में आठ स्वर्ण पदक है।

5

केवल एक एकन्नी

पुरानी बात है। उन दिनों झाँसी शहर में एक नवयुवक अपनी आजीविका कमाने के लिए मोटर गाड़ियाँ चला रहा था परंतु मोटर-गाड़ियाँ चला कर भी उसे इतनी आमदनी नहीं होती थी कि वह दो वक्त की रोटी आराम से खा सके। हालत यह थी कि सुबह का भोजन करने के पश्चात शाम के भोजन के लिए फिर से जुगाड़ करना पड़ता था।

एक दिन की बात है उस युवक के पास केवल एक एकन्नी थी और पूरा दिन मुँह बाए पड़ा था। उसे वह इकन्नी खर्च करते हुए बहुत तकलीफ हो रही थी परंतु फिर भी करनी तो थी

क्योंकि उसे बहुत जोरों की भूख लगी थी। अतः वह सड़क के किनारे चने बेच रहे एक आदमी के पास गया और उसे वह एकन्नी देते हुए बोला- भैया थोड़े भुने हुए चने दे दो।

चने वाले ने उस नवयुवक को एक एकन्नी के चने दे दिए। चने लेकर वह युवक चला गया तथा चने खाने लगा क्योंकि उसे भूख तो लगी ही थी। चने खाते-खाते उसने देखा कि उस चने वाले ने उन चनों के साथ-साथ एक एकन्नी भी दे दी है।

वह एकन्नी देख कर नवयुवक बहुत खुश हुआ और बोला- अरे वाह! कल का भी इंतजाम हो गया। सच है- ईश्वर सब का पेट भरता है। अब मैं इसे संभाल कर रख लेता हूं। शुक्र है मेरे कल के भोजन का भी जुगाड़ हो गया है।

परंतु थोड़ी देर बाद ही उसके मन में विचार आया कि इससे एक एकन्नी से तो केवल एक दिन के भोजन का ही जुगाड़ हो सकता है। शेष दिनों के लिए तो मुझे फिर से मेहनत-मशक्कत करनी ही पड़ेगी। यह एकन्नी मेरी कमाई की नहीं है। यदि मैं इससे खरीदा हुआ भोजन करूँगा तो मेरे मन में सदा यही बात खटकती रहेगी कि मैंने किसी अन्य के धन को अपने भोजन के लिए खर्च किया है और यह बात मुझे ताउम्र ही खटकती रहेगी। सिर्फ एक दिन के भोजन के लिए मैं अपनी जिंदगी भर का सुख-चैन कैसे खो सकता हूं अतः मुझे यह एकन्नी वापस कर देनी चाहिए।

वह नवयुवक तुरंत वह एकन्नी लेकर चने वाले के पास गया और बोला- भैया, अपनी एकन्नी वापस ले लो। यह गलती से चनों के साथ आ गई थी। तुम चनों के साथ ऐसे एकन्नियाँ बाँटोगे तो क्या कमाओगे?

चने वाला बड़ा हैरान था कि भला इस जमाने में इतना भला भी कोई होता है कि गया हुआ पैसा वापस देने आए। वह उस नवयुवक से कुछ प्रश्न करना चाहता था परंतु तब तक वह नवयुवक बहुत दूर जा चुका था- अपनी ईमानदारी का सबूत दे कर।

जानते हो वह ईमानदार नवयुवक कौन था? हमारे देश का एक वीर क्रांतिकारी नेता- चंद्रशेखर आज़ाद जिनकी रग-रग में देश-प्रेम भरा हुआ था तथा उसके साथ-साथ जीवन मूल्यों की अहमियत भी।

चंद्रशेखर तिवारी 'आज़ाद' का जन्म 23 जुलाई सन 1906 में भाबरा गांव, जिला अलीराजपुर, मध्य प्रदेश में में हुआ था। आज़ाद के पिता पंडित सीताराम तिवारी अकाल के समय अपने पैतृक गाँव बदरका, जिला उन्नाव को छोड़कर यहाँ बस गए थे अतः चंद्रशेखर का बचपन यहाँ के आदिवासी इलाके में बीता। यहाँ आज़ाद ने भील बालकों के साथ रहकर और तीरंदाजी बचपन में ही सीख ली थी।

आज़ाद प्रखर देशभक्त थे। वे चौदह वर्ष की अल्पायु में ही आजादी की लड़ाई में कूद पड़े थे तथा अंग्रेजी सरकार द्वारा दी गई पंद्रह बेंतों की सज़ा को हँसते-हँसते झेल गए थे।

गाँधी जी द्वारा असहयोग आन्दोलन बंद करने के बाद बालक चंद्रशेखर का मन देश को आज़ाद कराने के अहिंसात्मक उपायों से हटकर सशस्त्र क्रांति की ओर मुड़ गया।

काकोरी काण्ड में मिली सफलता के बाद वे और सक्रिय हो गए जिसके कारण वे फिरंगियों की आँख का काँटा बन गए थे।

इसी कारण 27 फरवरी 1931 को इलाहाबाद के अल्फ्रेड पार्क में उन्हें घेर कर हमला कर दिया गया। परंतु पुलिस के हाथों गिरफ्तार होने से पहले ही आज़ाद ही मरने की कसम खाने वाले आज़ाद ने स्वयं को गोली मार ली और यह कहते हुए आज़ाद ही दुनिया से रुखसत हो गए-

दुश्मन की गोलियों का हम सामना करेंगे,
आज़ाद ही रहें हैं आज़ाद ही रहेंगे।

सच है कोई यूँ ही महान नहीं बन जाता। चरित्रवान व साहसी व्यक्ति ही ऊँचाइयों को छू सकता है।

6

ये मेरे गुरु नहीं हो सकते

सन 1929 की बात है। इलाहाबाद विश्वविद्यालय की एक युवती बी.ए. की परीक्षा पास कर चुकी थी। अत्यंत बुद्धिमती एवं वैवाहिक जीवन से विरक्ति रखने वाली इस युवती के मन में ख्याल आया- क्यों ना संन्यास ले लिया जाए? और बौद्ध धर्म को अपना कर भिक्षुणी बन जाऊँ? इस तरह सांसारिक मोह माया को सदा के लिए ही त्याग दूँ। यह सोचकर उसने

लंका के बौद्ध विहार में महास्थविर जी को पत्र लिखा- मैं भिक्षुणी बनना चाहती हूँ। अतः दीक्षा लेने के लिए लंका आना चाहती हूँ।

वहाँ से जवाब आया- लंका आने की जरूरत नहीं है। हम लोग भारत आ रहे हैं और नैनीताल में विहार करेंगे अतः तुम हमसे वहीं आकर मिल सकती हो और वहीं दीक्षा ले सकती हो। युवती बहुत प्रसन्न हुई। भिक्षुणी बनने की तीव्र आकांक्षा तो थी ही अतः उसने अपना सब कुछ दान कर दिया और नैनीताल पहुँच गई।

नैनीताल पहुँच कर जब वह भिक्षु विहार पहुँची तो वहाँ का राजसी ठाठ-बाट देखकर हैरान रह गई। उसने तो कुछ अलग ही कल्पना की थी परंतु अंग्रेजों का सा विलासितापूर्ण रहन-सहन देखकर उसके मन में ख्याल आया- ये कैसे भिक्षु हैं जो इतने ठाट-बाट से रहते हैं? सन्यासी बन कर तो सब कुछ त्याग दिया जाता है। इस राह में मैं स्वयं सब कुछ त्याग कर आई हूँ। खैर हो सकता है इसमें भी कुछ रहस्य हो। यह सोचकर वह युवती गुरुजी से मिलने गई।

गुरु जी सिंहासन पर विराजमान थे। युवती उनके दर्शन करना चाहती थी अतः वह उनके समीप गई। परंतु यह क्या? गुरु जी उससे बात तो कर रहे थे परंतु वह उनका चेहरा नहीं देख पा रही थी क्योंकि बातचीत के दौरान वह अपने और उसके मध्य एक पंखे की आड़ रख रहे थे। गुरु जी के दर्शनों की अभिलाषा प्रकांड थी अतः उसने इधर-उधर कई तरह से झुककर उनका मुख-दर्शन करना चाहा परंतु फिर भी असफल रही क्योंकि गुरु जी का मुख छुपाने का प्रयास भी सतत जारी था।

किसी तरह से भी जब वह गुरु के दर्शन नहीं कर पाई तब हारकर सचिव के पास गई। उसने सचिव को कहा- मैंने बहुत कोशिश की परंतु मैं मेरे गुरु के दर्शन नहीं कर पाई। वह अपना चेहरा ढक लेते हैं। मैं उन के दर्शन करना चाहती हूँ।

इस पर सचिव ने कहा- यह असंभव है। महास्थविर जी स्त्री मुख का दर्शन नहीं करते हैं अतः तुम कभी भी उनके दर्शन नहीं कर पाओगी। वह युवती यह सुनकर हैरान रह गई।

- मगर क्यों?

इस पर सचिव ने कहा- क्योंकि वह एक पुरुष हैं। नारी को देखकर अपनी साधना में कोई व्याधान नहीं आने देना चाहते।

वह युवती सचिव के इस उत्तर से बड़ी निराश हुई। वह स्वभाव से हाजिर जवाब तो थी ही अतः बोली- ठीक है यदि वह अपने को इतना दुर्बल पाते हैं कि स्त्री के दर्शन मात्र से ही उनका संयम भंग हो जाएगा तो ऐसे दुर्बल आदमी को मैं अपना गुरु स्वीकार नहीं कर सकती क्योंकि आत्मा ना तो स्त्री है न ही पुरुष। वे केवल मिट्टी के शरीर को इतना महत्व दे रहे हैं कि मुझे देखना नहीं चाहते।

यह कहकर वह युवती नैनीताल से वापस चली आई और उसने भिक्षुणी बनने का विचार त्याग दिया। सचिव अनुनय विनय करता ही रह गया परंतु वह नहीं मानी।

जानते हो वह युवती कौन थी? छायावाद की प्रसिद्ध कवयित्री- महादेवी वर्मा। उस दिन यदि वह युवती लौट कर नहीं आती तो हिंदी साहित्य को इतनी ओजस कवयित्री नहीं मिलती।

महादेवी वर्मा का जन्म 26 मार्च 1907 को होली के दिन, उत्तर प्रदेश के फर्रुखाबाद में हुआ था। उनके पिता का नाम श्री गोविंद प्रसाद वर्मा और माता का नाम हेमरानी था। घर में 200 वर्ष बाद पुत्री के जन्म पर सभी खुश थे। धर्म परायण और हिंदी प्रेमी माता के सानिध्य में बालिका पलने लगी फलस्वरूप बाल्यावस्था में ही तुकबंदियाँ करने लगी।

बाल-विवाह, तदोपरांत हुए पारिवारिक जीवन की विसंगतियों से उन्हें वैवाहिक जीवन के प्रति विरक्ति हो गई और उन्होंने अपना सारा ध्यान उच्च शिक्षा, साहित्य और समाज सेवा की ओर लगा दिया।

कॉलेज के हॉस्टल में उनकी मित्रता सुभद्रा देवी चौहान से हुई। दोनों सखियाँ मिलकर कविताएँ लिखने लगीं और जल्दी ही ऊँचे मुकाम तक पहुँच गईं अब जिन्हें हम प्रख्यात कवयित्रियों के रूप में जानते हैं।महादेवी वर्मा ने कई प्रमुख रचनाएं लिखीं जिनमें निहार, रश्मि, नीरजा, सांध्य गीत दीपशिखा आदि शामिल हैं।

महादेवी वर्मा छायावाद के चार प्रमुख कवियों में से एक प्रमुख कवयित्री हैं।इन्हें कई भारतीय सम्मानों से भी नवाजा गया है। जिनमें प्रमुख हैं- मंगलाप्रसाद पारितोषिक, भारत-भारती, पद्म-भूषण, पद्म-विभूषण, सक्सेरिया पुरस्कार आदि। 11 सितंबर 1987 को इलाहाबाद में उनका देहांत हो गया परंतु अपनी कृतियों में वे हमेशा जीवित रहेंगी।

7
ये पत्थर क्या है पिताजी?

सन् 1891 की बात है। बंगाल के मेदिनीपुर जिले में वीरसिंह नामक गांव में एक अत्यन्त गरीब बंगाली दंपति रहता था- ठाकुर दास और भगवती देवी। सौभाग्य से भगवती देवी गर्भवती थी परंतु उनकी मानसिक हालत ठीक नहीं थी। यह देख कर ठाकुर दास चिंतित थे।

एक दिन उनके द्वार पर एक संन्यासी भिक्षा मांगने आये।

ठाकुरदास संन्यासी को यह कहकर रोने लगे- मैं आपको क्या दूं। मेरे घर में एक मुट्ठी अनाज भी भिक्षा में देने के लिए नहीं है। मैं तो अपनी गरीबी के कारण अपनी गर्भवती पत्नी का इलाज भी नहीं करा पा रहा हूँ।

तब संन्यासी ने हंसते हुए कहा- ”अरे बावले! तेरी पत्नी तो एक तेजस्वी बालक के गर्भ में आ जाने के कारण उसके तेज से पागल-सी हो गयी है । घबराने की कोई बात नहीं, सब कुछ ठीक हो जायेगा ।”

हुआ भी ठीक वैसा ही, जैसा कि उस संन्यासी ने कहा था । बालक का जन्म होते ही माता की अवस्था सामान्य हो गयी ।

बालक जन्म से ही कुशाग्रबुद्धि था। पांच वर्ष की अवस्था में गांव की पाठशाला में भरती होने के बाद उनकी बुद्धिमानी और सदचरित्रता से सभी अध्यापक अत्यन्त प्रभावित होने लगे। बालक कमजोर और असहाय लोगों की मदद करने में खुशी महसूस करता था।

ठाकुरदास अपने होनहार बेटे को उच्च शिक्षा देना चाहते थे जो कि गांव में रहते हुए संभव न थी। वह कलकत्ता में नौकरी करते थे। अतः उन्होंने बालक को अपने साथ कोलकाता ले जाने की सोची।

उन दिनों यातायात के साधनों की इतनी सुविधा नहीं थी उस पर ठाकुरदास गरीब थे। इसलिए उन्होंने कोलकाता पहुंचने के लिए पैदल यात्रा शुरू कर दी। रात होने पर वे किसी गांव में रुक जाते थे।

चलते-चलते जब वे गांव-देहात से निकल कर मुख्य सड़क पर पहुंचे तो बालक ने सड़क किनारे एक पत्थर देखा।

उसने अपने पिता से पूछा- पिताजी, ये पत्थर क्या है?

पिता ने बताया- ये मील का पत्थर है। कुछ दूर चलने के बाद दूसरा पत्थर आ गया। बालक ने फिर पूछा- पिताजी यह पत्थर क्या है?

पिता ने फिर बताया- ये पत्थर भी वैसा ही है। लेकिन इस पर लिखा अंक दूसरा है। साथ ही ये भी बताया कि कलकत्ता तक ये पत्थर मिलते रहेंगे लेकिन इन पर लिखे अंक घटते रहेंगे।

बालक का कौतुहल शांत नहीं हुआ था। उसने फिर पूछा- इस पर लिखे अंक कैसे हैं?

पिता ने बताया- ये अंग्रेजी में लिखे अंक हैं। यहां उन्नीस लिखा है। एक और नौ।

उस बालक लिए ये अंक नई बात थी क्योंकि उसके गांव में हिंदी के अंक सिखाए जाते थे।

इसके बाद बालक ने चुप्पी साध ली। जब वह काफी देर तक कुछ नहीं बोला पिता को कुछ संशय हुआ। उन्होंने पूछा- इतने चुप क्यों हो, कुछ चाहिए तो नहीं?

बालक ने जवाब दिया- नहीं, मैं तो अंग्रेजी के अंक सीख रहा हूं।

पिता ने अगला पत्थर दिखाकर पूछा- अच्छा तो बताओ इस पत्थर पर क्या लिखा है। हम कोलकाता से कितनी दूर हैं?

इस पर उस बालक ने बताया- सामने पत्थर पर 10 लिखा है। यानी कि हम कोलकाता से 10 मील दूरी पर हैं। हम अब तक 9 मील की यात्रा कर चुके हैं। आसपास के सारे यात्री चकित थे और पिता अपने नन्हे से बालक की मेधा पर खुश।

जानते हो यह बालक कोलकाता जाकर खूब पढ़ा। विपरीत परिस्थितियों में भी उसने मेहनत और लगन से उच्च शिक्षा प्राप्त की तथा अपना व अपने माता-पिता का नाम भी रोशन किया। साथ ही देश और समाज की सेवा भी की। यही बालक बड़ा होकर ईश्वर चंद्र विद्यासागर के नाम से प्रसिद्ध हुआ।

ईश्वर चन्द्र विद्यासागर उन्नीसवीं शताब्दी के बंगाल के प्रसिद्ध दार्शनिक, शिक्षाविद, समाज सुधारक, लेखक, अनुवादक, मुद्रक, प्रकाशक, उद्यमी और परोपकारी व्यक्ति थे। वे बंगाल के पुनर्जागरण के स्तम्भों में से एक थे। संस्कृत भाषा और दर्शन में अगाध पाण्डित्य के कारण विद्यार्थी जीवन में ही संस्कृत कॉलेज ने उन्हें 'विद्यासागर' की उपाधि प्रदान की थी।

ईश्वर चंद्र विद्यासागर उम्र भर समाज में नारियों की स्थिति सुधारने में जुटे रहे। समाज में विधवा स्त्रियों की दयनीय स्थिति देखकर उन्होंने वेदों और पुराणों में लिखित तथ्यों के आधार पर विधवा विवाह को प्रमाणिक सिद्ध कर कानूनी मान्यता दिलवाई थी। उन्होंने बालिकाओं को घर की चारदीवारी से बाहर निकाल कर उनके लिए शिक्षा की द्वार खोल दिए। ईश्वर चंद्र विद्यासागर सादगी भरा जीवन जीना पसंद करते थे। वे स्वयं घर में बुने हुए कपड़े पहनते थे और अपनी आय का अधिकतर भाग गरीबों और असहायों को दान स्वरूप दे देते थे। प्रकांड विद्वान होने के बावजूद भी उन्हें घमंड छू तक नहीं गया था।

8

मैं सच बोलूँगा

हर छोटे बच्चे की तरह उस छोटे से बालक को भी रोज नए- नए खेल खेलने में बड़ा आनंद आता था। एक दिन उसके पिता ने उसे एक छोटी सी कुल्हाड़ी लाकर दी। वह ज्यादा धार वाली नहीं थी अतः बालक के पिता निश्चिंत होकर वह खिलौना कुल्हाड़ी उसे खेलने के लिए सौंपकर काम पर चले गए।

बालक नया खिलौना पाकर खुशी से झूम उठा। पिता के जाते ही उसने उस खिलौना कुल्हाड़ी से खेलना शुरू कर दिया। कभी इस चीज पर दे मारता कभी उस चीज पर दे मारता।

इस तरह खेलते-खेलते उसे ना जाने क्या सूझी कि वह अपने बगीचे में गया और उस कुल्हाड़ी से आम के पेड़ पर प्रहार करने लगा। हालांकि वह कुल्हाड़ी बहुत पैनी नहीं थी परंतु फिर भी निरंतर प्रहार पड़ने से आम के पेड़ का तना, जो कि अभी छोटा और कोमल ही था, कटने लगा। शाम होने तक उस बालक ने आम के पेड़ के तने पर एक बड़ा सा चीरा लगा दिया और फिर थक कर सो गया शाम को जब पिता घर लौटे तो उन्होंने आम के पेड़ को कटा हुआ देखा, वे गुस्से से आग-बबूला हो उठे।

अगले दिन जब वह बालक सो कर उठा तो उन्होंने बालक से पूछा, 'यह आम का पेड़ किसने काटा।'

बालक ने सोचा- यदि मैं सच बोलता हूँ तो मुझे सजा अवश्य मिलेगी। झूठ बोल कर मैं पिता के गुस्से से बच सकता हूँ। ऐसा सोचकर वह झूठ बोलने को उद्धृत हुआ ही था कि उसने फिर सोचा- यदि आज मैं झूठ बोलूँगा तो सजा से तो बच जाऊँगा परंतु एक अपराध को छुपाने की कोशिश में दूसरा अपराध कर बैठूँगा क्योंकि झूठ बोलना भी तो एक अपराध ही है। इससे क्या लाभ होगा? अतः उसने यह निर्णय लिया कि मुझे झूठ नहीं बोलना चाहिए।

यह सोच कर बालक बोला, ' हाँ पिता जी मैंने ही इस पेड़ को काटा है।'

बालक की बात सुनकर पिता के चेहरे पर प्रसन्नता झलक उठी। वह तो पहले ही यह जानते थे कि यह काम उनके पुत्र के अलावा और कोई नहीं कर सकता वे तो केवल उस की परख करना चाहते थे कि वह क्या बोलता है।

बालक की बात सुनकर वह बोले, 'बेटा, तुमने सच बोलकर मेरा मन जीत लिया। मुझे लग रहा था कि तुम कहोगे कि पेड़ मैंने नहीं काटा है। किंतु तुमने मेरी आशा के विपरीत सच को स्वीकार किया। आज जो तुमने नुकसान किया है, मैं तुम्हें उसके लिए सजा नहीं दूंगा। किंतु यह जरूर कहूंगा कि चाहे कुछ भी हो जाए, जीवन में कभी भी झूठ न बोलना।

अपने सच बोलने पर पिता के गर्व को देखकर बालक ने प्रण किया कि वह जिंदगी में कभी भी झूठ नहीं बोलेगा।

जानते हो यह बालक था- हमारे डॉ. राजेंद्र प्रसाद जो सच्चाई व मेहनत के बल पर देश के राष्ट्रपति पद पर विराजमान हुए।

डॉक्टर राजेंद्र प्रसाद का जन्म जीरादेई (बिहार) में 3 दिसंबर 1884 को हुआ था। उनके पिता का नाम महादेव सहाय तथा माता का नाम कमलेश्वरी देवी था। उनके पिता संस्कृत एवं फारसी के विद्वान थे एवं माता धर्म परायण महिला थी।

बचपन में राजेंद्र बाबू जल्दी सो जाते और जल्दी उठकर अपनी माँ को भी जगा देते थे अतः उनकी माँ अपने लाडले पुत्र को महाभारत और रामायण की कहानियाँ, कीर्तन व प्रभाती सुनातीं थीं।

इनकी प्रारंभिक शिक्षा छपरा- बिहार में तथा फिर कोलकाता के प्रेसिडेंसी कॉलेज में हुई। उन्होंने कानून में मास्टर की डिग्री हासिल की तथा डॉक्टरेट भी किया। राजेंद्र प्रसाद पढ़ाई-लिखाई में बहुत अच्छे थे। एक बार उनकी उत्तर पुस्तिका को देखकर परीक्षक ने कहा था-

परीक्षक से परीक्षार्थी बेहतर है।

13 वर्ष की उम्र में इनका विवाह राजवंशी देवी से हो गया था। एक वकील के रूप में कैरियर की शुरुआत की। वह एक सफल वक़ील थे परन्तु सच्चे देशभक्त भी। राष्ट्रपिता गांधी जी से प्रभावित होकर उन्होंने भारतीय स्वतंत्रता आंदोलन में भाग लेना शुरू कर दिया तथा उन्हें जेल भी जाना पड़ा। अत्यंत निर्मल स्वभाव के होने के कारण सभी इनका सम्मान करते थे।

वकालत छोड़ने के बावजूद भी उन्हें अपने एक पुराने मित्र राय बहादुर हरिहर प्रसाद सिंह को दिए बचन के कारण मुक़दमे की पैरवी के लिए इंग्लैंड जाना पड़ा। सीनियर बैरिस्टर अपजॉन इंग्लैंड में हरिहर ज़ी का केस लड़ रहे थे और राजेंद्र जी को उनके साथ काम करना था। अपजॉन देखते कि राजेंद्र बाबू सुबह से शाम तक अपना काम बिना कुछ बोले पूरी निष्ठा और लगन के साथ करते रहते हैं। वह उनकी सादगी और विनम्रता से बहुत प्रभावित हुए और जब उन्हें पता चला कि वह एक सफल वक़ील हैं परन्तु देश को आज़ाद कराने के लिए उन्होंने वकालत छोड़ दी तो वह राजेन्द्र बाबू से बोले- लोग सफलता, पद और पैसे के पीछे भागते हैं और आप है कि इतनी चलती वकालत को ठोकर मार दी। यह आपने ग़लत किया।

इस पर राजेंद्र बाबू ने जवाब दिया- एक सच्चे हिन्दुस्तानी को अपने देश को आज़ाद कराने के लिए बड़े से बड़ा त्याग करने के लिए तैयार रहना चाहिए। वकालत छोड़ना तो छोटी सी बात है। ऐसे देशभक्त थे राजेन्द्र बाबू।

अपने इन्हीं गुणों के कारण भारत के स्वतंत्र होने पर ये 26 जनवरी 1950 को देश के प्रथम राष्ट्रपति बने व 14 मई 1962 तक ही राष्ट्रपति पद पर आसीन रहे।12 वर्षों के लिए राष्ट्रपति भवन राजेंद्र प्रसाद का घर था परंतु वह वहाँ भी सादगी एवं नम्रता से ही रहते थे।

एक बार उनके एक सेवक तुलसी से झाड़-पोंछ करते वक़्त हाथी दाँत का एक पेन नीचे ज़मीन पर गिर गया। जिससे पेन टूट गया और स्याही क़ालीन पर फैल गई। यह देखकर राजेंद्र प्रसाद जी को बहुत ग़ुस्सा आया। यह पेन किसी ने भेंट किया था और उन्हें बहुत पसंद था। तुलसी पहले भी कई बार लापरवाही कर चुका था। उन्होंने अपना ग़ुस्सा दिखाने के लिए तुलसी को अपनी निजी सेवा से हटा दिया। उस दिन वह बहुत व्यस्त रहे। कई प्रतिष्ठित व्यक्ति और विदेशी पदाधिकारी उनसे मिलने आए। मगर सारा दिन काम करते हुए भी उनके दिल में एक कांटा सा चुभता रहा। उन्हें लगता रहा कि उन्होंने तुलसी के साथ अन्याय किया है और जैसे ही उन्हें मिलने वालों से अवकाश मिला उन्होंने तुलसी को अपने कमरे में बुलाया और धीमे स्वर में कहा- तुलसी मुझे माफ़ कर दो। तुलसी इतना आश्चर्य चकित हुआ कि उससे कुछ बोला ही नहीं गया।

राष्ट्रपति ने फिर नम्र स्वर में दोहराया- तुलसी मुझे क्षमा नहीं करोगे क्या? इस बार सेवक और स्वामी दोनों की आँखों में आँसू आ गए। ऐसे रहम दिल थे हमारे राजेन्द्र प्रसाद जी। इतने बड़े ओहदे पर रहकर भी अहंकार उन्हें छू तक नहीं गया था।

राजेंद्र प्रसाद जी एकमात्र ऐसे नेता रहे जिन्हें दो बार राष्ट्रपति पद के लिए चुना गया। फिर उन्हें भारत रत्न की उपाधि से भी सम्मानित किया गया।

28 फरवरी 1963 को उनका निधन हो गया।

डॉ राजेंद्र प्रसाद जी का कहना था- किसी की गलत मंशाएँ आपको किनारे नहीं लगा सकतीं। अपने इन्हीं महान गुणों के कारण राजेंद्र प्रसाद भी हरमन प्यारे थे।

९
मुझे भी पूरा वेतन चाहिए

वर्ष 1888 की बात है। सुबह का समय था। प्रोफेसर जगदीश सदा की तरह अपनी प्रयोगशाला में कुछ प्रयोग कर रहे थे कि उनके सहयोगी ने उन्हें बाहर जाने को कहा। प्रोफेसर ने बाहर जाकर देखा तो उनके निवास-स्थान के बाहर, बरामदे में लेनदारों की अच्छी खासी भीड़ जमा थी।

प्रोफेसर उन्हें देखकर शर्मिंदा हो गए और बोले, "क्षमा कीजिए पर अभी मैं आप सबका कर्ज चुकाने में असमर्थ हूं। परन्तु विश्वास रखिए मेरी नीयत खराब नहीं है अतः मैं शीघ्र ही इसका बंदोबस्त कर लूंगा।

जब सभी लेनदार क्रोधित होकर लौट गए तब सहयोगी ने प्रोफेसर से पूछा, " आप कब तक ऐसे अपमानित होते रहेंगे? आखिर घर चलाने के लिए रुपयों की आवश्यकता तो होती है। । अब तो आपकी पुश्तैनी जमीन भी बिक गई है। आगे गुजारा कैसे होगा? आप कब तक अवैतनिक कार्य करते रहेंगे?

"तब तक, जब तक मुझे वेतन के रूप में सम्मान जनक राशि प्रदान नहीं की जाती?" प्रोफेसर ने उत्तर दिया।

"मेरे ख्याल से आपको विदेशी सरकार से ऐसी उम्मीद नहीं रखनी चाहिए। वह आपको यूरोपियन प्रोफेसरों के समकक्ष वेतन और सम्मान कभी नहीं देगी।"

"क्यों नहीं देंगी? क्या मेरी योग्यता उनसे कुछ कम है? क्या मैं मेरा काम मन लगाकर नहीं करता हूं?" स्वाभिमानी प्रोफेसर जगदीश ने कहा।

"बेशक! आप एक योग्य, मेहनती और निष्ठावान व्यक्ति हैं फिर भी यह असंभव लगता है!"

"यदि हमारे अंदर आत्मविश्वास और दृढ़ निश्चय हो तो हम हर असंभव को भी संभव बना सकते हैं। चाहे मुझे कितनी भी दिक्कत क्यों ना उठानी पड़े, मेरा इरादा अटल है। जब तक अंग्रेजी सरकार मुझे मेरी योग्यता के अनुसार वेतन नहीं देगी, मैं वेतन नहीं स्वीकारूंगा। यही मेरा अंतिम फैसला है।" कहकर समय के पाबन्ध प्रोफेसर कॉलेज चले गए क्योंकि उनके लेक्चर समय हो गया हो गया था।

"आपको प्रिंसिपल साहब ने ऑफिस में बुलवाया है।" कॉलेज पहुंचते ही जब प्रोफेसर को यह सूचना मिली तो वह प्रिंसिपल के ऑफिस में गए।

"प्रोफेसर जगदीश पिछले तीन वर्षों से आपका वेतन देय है। अतः मैंने सोचा मुझे उसका भुगतान कर देना चाहिए। यह लीजिए आपका अब तक का वेतन।" कहकर प्रिंसिपल ने प्रोफेसर जगदीश को एक राशि देनी चाही।

"रहने दीजिए। क्या बिना वेतन के मैं मेरा काम पूरी योग्यता से नहीं कर रहा हूं?

"मैंने कब कहा? परंतु फिर भी काम के बदले मानदेय हर व्यक्ति चाहता है। क्या आप नहीं चाहते?" प्रिंसिपल ने पूछा।

"चाहता हूं मगर मेरे भी कुछ सिद्धांत हैं। मैं उन सिद्धांतों के विरुद्ध नहीं जा सकता।" प्रोफेसर जगदीश ने उसी दृढ़ता से जवाब दिया।

प्रोफेसर जगदीश की बात सुनकर प्रिंसिपल मुस्कुराने लगे और बोले, "एक बार राशि देख तो लीजिए। हो सकता है इसे स्वीकारने से आपके सिद्धांतों को कोई हानि न पहुंचे। यह मेरा अनुरोध है।

प्रोफेसर जगदीश ने वेतन की राशि देखी। पिछले तीनों साल के वेतन की राशि ठीक उतनी ही थी जितनी वह चाहते थे। यानी कि यूरोपियन प्रोफेसरों के समान, ना कि उसकी एक-तिहाई। उनकी भारतीय प्रोफेसरों को यूरोपियन प्रोफेसरों के समकक्ष वेतन दिलाने की तपस्या आज सफल हो गई थी। वे प्रिंसिपल का आभार प्रकट करते हुए ऑफिस से निकल

गए।

ऐसे थे प्रोफेसर जगदीश जिन्हे हम सभी जे.सी. बोस यानी जगदीश चंद्र बसु के नाम से जानते हैं। जे.सी. बोस एक महान वैज्ञानिक थे। इनका जन्म बंगाल (अब बांग्लादेश) में ढाका जिले के फरीदपुर के मेमन सिंह गांव में 30 नवंबर सन 1858 को हुआ था। इनके पिता भगवान चंद्र बसु फरीदपुर के डिप्टी मजिस्ट्रेट थे। बालक जगदीश को घोड़े पर सवारी करना, रोमांचकारी व साहसपूर्ण कहानियां सुनना अत्यंत प्रिय था।

बचपन से ही इनकी रुचि जीव-जंतुओं व पेड़-पौधों में थी। सेंट जेवियर स्कूल कोलकाता से स्नातक परीक्षा उत्तीर्ण करने के बाद बसु आगे की पढ़ाई करने के लिए इंग्लैंड चले गए। वहां उन्होंने कैंब्रिज विश्वविद्यालय के क्राइस्ट चर्च कॉलेज में विज्ञान की शिक्षा ली तथा बी.एस.सी. की उपाधि प्राप्त की।

जगदीश चंद्र बसु ने विज्ञान के क्षेत्र में काफी महत्वपूर्ण योगदान दिया। जगदीश चंद्र बोस का योगदान दो महत्वपूर्ण क्षेत्रों में रहा।

पहला उन्होंने सूक्ष्म तरंगें उत्पन्न करने का तरीका दिखाया। उन्होंने ऐसे यंत्रों का अविष्कार किया जिससे बिना तार के संदेश भेजा जा सकता था। उनके इसी प्रयोग के आधार पर आज रेडियो काम करते हैं। जगदीश चंद्र बसु ही बेतार के तार के वास्तविक आविष्कारक है परंतु परिस्थितिवश को इसका श्रेय उन्हें नहीं मिल सका।

परंतु वह योगदान जिसके लिए जगदीश चंद्र बसु हमेशा याद किए जाएंगे वह था- पौधों में प्राण और संवेदनशीलता का पता लगाना। इसके लिए इन्होंने केस्कोग्राफ नामक अति संवेदनशील यंत्र बनाया। इसी खोज के कारण अंग्रेज सरकार ने उन्हें सर की उपाधि दी थी। प्रोफेसर जगदीश चंद्र बसु अपना सारा जीवन पेड़-पौधों की सजीव दुनिया में खोए रहे और उन्होने विज्ञान जगत के समक्ष वनस्पतियों का सजीव संसार ला खड़ा किया।

कोलकाता में उनके द्वारा स्थापित बसु विज्ञान मंदिर उनकी इस परंपरा को आज भी आगे बढ़ा रहा है। इस संस्थान के उद्घाटन अवसर पर उन्होंने कहा था, "यह प्रयोगशाला नहीं मंदिर है।"

सन 1947 में अपनी अंतिम सांस तक वे विज्ञान के प्रति पूर्ण समर्पण के साथ इसी संस्थान में कार्य करते रहे।

जगदीश चंद्र बोस ने कहा था- हमें अपने कार्य के लिए दूसरों पर निर्भर नहीं रहना चाहिए। अपना काम स्वयं करना चाहिए किंतु यह सब करने से पूर्व अपना अहंकार और घमंड त्याग देना चाहिए।

विश्व समुदाय के समक्ष भारत का मस्तक ऊंचा उठाने वाले महान वैज्ञानिक को हमारा शत-शत नमन।

☙

10
सच्ची सेविका

अल्बेनियन भाषा में गोंझा का अर्थ है- फूल की कोमल कली।

27 अगस्त सन 1910 में मेसेडोनिया (यूगोस्लाविया) के स्कॉप्जे नामक शहर में द्रना बोयाजु और निकोला बोयाजु के घर एक बालिका ने जन्म लिया। भाई बहिनों में सबसे छोटी इस बालिका का नाम रखा गया- अगनेस गोंझा बोयाजिजू।

अपने नाम के अनुरूप ही गोंझा का तन अति सुंदर एवं मन अति कोमल था। गोंझा स्वभाव से दयालु मगर कुछ चंचल थी। वह अक्सर दूसरों की नकल उतारा करती थी जिससे उसके भाई-बहन हंस-हंस कर लोटपोट हो जाते थे।

एक रात वह अपनी उस अध्यापिका की नकल उतार रही थी जो उसे बात-बात पर डाँटती थी कि अचानक उनके कमरे की बत्ती गुल हो गई। गोंझा ने देखा- उसके माँ के कमरे की बत्ती जल रही थी तथा घर के अन्य हिस्सों की भी।

वह बहुत हैरान हुई तथा दौड़ी-दौड़ी अपनी माँ के पास गई और प्रश्न किया- माँ, सिर्फ हमारे कमरे की बत्ती क्यों बंद है?

इस पर माँ ने उत्तर दिया- तुम सब मिलकर एक व्यर्थ के काम के लिए बिजली खर्च कर रहे थे अतः मैंने बत्ती बंद कर दी।

किसी का उपहास करना या व्यर्थ में आलोचना करना सभ्य लोगों का काम नहीं है। इसके स्थान पर तुम्हें असहाय एवं गरीबों की मदद करने की सोचनी चाहिए। मैं और तुम्हारे पिता तुम्हें उन मिशनरियों की कहानियां सुनाते हैं ना जो भारत देश के पश्चिम बंगाल में मानव जाति की सेवा कर रहे हैं। क्या उन्हें सुनकर तुम यही सीखती हो?

माँ की बात सुनकर गोंझा को अपनी गलती का अहसास हो गया और उसने सिर झुका लिया।

एक दिन नन्ही गोंझा को माँ द्रना ने कहा- बेटी तुम्हें जो कुछ भी मिले उसे आपस में बांटकर खाया करो।

कोमल मन बालिका गोंझा ने पूछा- माँ, किस-किस के साथ बाँटू, फिर खाऊँ?

इस पर माँ ने कहा- उन सबके साथ जिन्हें इसकी जरूरत है। जैसे सर्वप्रथम तुम्हारे भाई-बहन, रिश्तेदार एवं फिर अन्य सभी। दयालु गोंझा ने मां की इस बात को अपने मन में उतार लिया।

यही बालिका गोंझा बड़ी होकर मदर टेरेसा के नाम से प्रसिद्ध हुई।

मदर टेरेसा एक समृद्ध परिवार से थीं। उनके पिता एक सफल कारोबारी थे। इस लिहाज़ से आर्थिक रूप से उन्हें पैसों की दिक्क़त नहीं थी कि एक दिन उन्हें ख़बर मिली कि उनके पिता नहीं रहे। मदर टेरेसा उस समय महज 8 साल की रहीं होंगी। पिता की मौत के बाद परिवार जैसे टूट गया। किसी का किसी काम में दिल ही नहीं लगता था। पैसों की कमी क्या होती है, नन्ही सी उम्र में मदर टेरेसा को एहसास होने लगा था।

माँ ने आगे बढ़कर पिता की ज़िम्मेदारियों को कंधों पर उठाया। मदर टेरेसा हरदम माँ के साथ रहतीं थीं इसलिए अब ज़िंदगी को देखने का उनका नज़रिया बदल गया था। वह पहले से ज़्यादा संवेदनशील हो गई थीं। यही वह समय था जब उन्हें अपने आस-पास ग़रीब लोगों के दर्द को देखकर दर्द का एहसास होने लग जाता था और वह कोशिश करतीं थीं कि उनकी यथासंभव मदद करे। इसलिए माँ से छिपाकर गरीबों को खाना आदि दे आतीं थीं। यही वह समय था जब उन्होंने तय कर लिया था कि वे अपनी पूरी ज़िंदगी परोपकार के कामों

में लगाएंगी। वह जान गईं थीं कि यही काम उन्हें शांति दे सकता है। आगे वक़्त के साथ-साथ उनका इरादा पक्का होता चला गया। इस तरह एक धार्मिक एवं दयालु परिवार में जन्म लेकर उसके जीवन में मानवता के संस्कार बचपन में ही प्रस्फुटित हो गए थे।

"अपने लिए तो सभी जीते हैं परंतु सच्चा मानव वही है जो औरों के लिए जीता है।" अपने इसी कथन को हृदय में धारण कर मदर टेरेसा आजीवन असहाय एवं गरीबों की सेवा करती रही तथा इसके लिए उन्होंने अपना सर्वस्व त्याग दिया।

उन्होंने यह निर्णय मात्र 12 वर्ष की अल्पायु में ही ले लिया था क्योंकि वे जान गईं थीं कि उनका जन्म तो मानवता की सेवा के लिए ही हुआ है। जब वे किसी ऐसे इंसान को देखती थीं जो कि गंभीर बीमारी से जकड़ा हुआ है, तो उनका दिल धड़कने लग जाता था और वह ख़ुद को उसकी मदद करने से नहीं रोक पाती थी।

18 वर्ष की आयु में वे सिस्टरस ऑफ लोरेटो नामक संस्था से जुड़ गई तथा अपना देश छोड़कर आयरलैंड आ गईं। इसके पश्चात वे अपने देश कभी नहीं गईं।

इसी संस्था से जुड़कर उन्होंने विश्व के विभिन्न देशों में जाकर मुफ्त में मानव सेवा की। इसी सिलसिले में वे एक बार भारत के दार्जिलिंग शहर में भी गईं। दार्जिलिंग जाते समय उनके मन में यह विचार आया कि मुझे अपने लक्ष्य के लिए और त्याग भी करने होंगे अतः वे कैथोलिक नन बन गईं। तत्पश्चात उन्होंने अपना नाम गोंझा से बदल कर टेरेसा कर लिया।

इसी संस्था की ओर से वे कलकता के सेंट मैरी स्कूल में बतौर एक शिक्षिका भेजी गईं। उन दिनों कोलकाता एक महामारी से पीड़ित था। सिस्टर टेरेसा एक शिक्षिका के रूप में काम तो कर रही थी परंतु उनका ध्यान सदैव गरीबों, बीमारों और जरूरतमंदों की मदद करने में रहता था।

अपने इसी मकसद की पूर्ति के लिए उन्होंने पटना में नर्सिंग की ट्रेनिंग ले ली तथा फिर रात-दिन सबकी मदद में जुट गईं। अपने सेवाभाव एवं समर्पण के कारण वे सिस्टर टेरेसा के नाम से प्रसिद्ध होने लगीं।

इसी प्रशिक्षण के दौरान एक नन से उनकी मुलाक़ात हुई। नन का कहना था कि ख़ुशी पाने के लिए कोई बड़ा यह महान काम करने की ज़रूरत नहीं है। छोटे-छोटे काम करके भी ख़ुश रहा जा सकता है। उन्होंने इस कार्य को लिटिल-वे का नाम भी दिया।

एक दिन उन्होंने सड़क के किनारे पड़े असहाय बच्चों तथा रोगियों की दयनीय स्थिति को अपनी आँखों से देखा तो उन्हें महसूस हुआ कि अभी उनका मिशन पूरा नहीं हुआ है। उन्हें तो बहुत दूर तक जाना है। वे यह भी समझ गईं कि अपने लक्ष्य की प्राप्ति के लिए उन्हें साथियों की भी जरूरत है।

अतः सन् 1949 में मदर टैरेसा ने कोलकाता में मिशनरीज़ ऑफ़ चैरिटी की स्थापना की जिसे 7 अक्टूबर 1950 रोमन कैथोलिक चर्च ने मान्यता दे दी। इसके साथ ही उन्होंने पारंपरिक वस्त्रों को त्याग कर नीली किनारी वाली साड़ी पहनने का फ़ैसला किया। उस वक़्त तो उनकी संस्था में केवल 13 सदस्य थे परंतु धीरे-धीरे उनकी संख्या बढ़कर 4000 से भी

अधिक हो गई जो आज भी दुनिया के विभिन्न 123 देशों में चैरिटी-आश्रम चलाने में लगे हुए हैं। इसमें एचआईवी/एड्स, कुष्ठ और तपेदिक के रोगियों के लिए धर्मशालाएं/ घर शामिल हैं और साथ ही सूप, रसोई, बच्चों और परिवार के लिए परामर्श कार्यक्रम, अनाथालय और विद्यालय भी हैं।

मदर टेरेसा ने निर्मल हृदय और निर्मल शिशु भवन के नाम से आश्रम भी खोले जिसमें वे असाध्य बीमारी से पीड़ित रोगियों व गरीबों की सेवा करती थी।

एक दिन वे लंदन से आए एक डॉक्टर को निर्मल हृदय का अवलोकन करा रहीं थीं, तभी एक ऐसे कुष्ठ रोगी को वहां लाया गया, जिसके शरीर पर कई जगह घाव हो गए थे और उन घावों से खून और मवाद बह रहा था।

मदर टेरेसा लंदन से आए डॉक्टर को वहीं छोड़कर तुरंत उस रोगी के पास पहुंची और उसके घावों को अपनी साड़ी के पल्लू से पोंछने के बाद उन पर अपने हाथों से दवाई लगाने लगीं।

तब तक वे डॉक्टर महोदय भी वहां पहुंच गए, मदर को कुष्ठ रोगी के घावों पर दवाई लगाते हुए देखकर उन्होंने कहा, 'मदर आप घावों पर दवाई लगाने से पहले कम से कम अपने हाथों पर दस्ताने तो पहन लेतीं।'

मदर टेरेसा ने डॉक्टर से तुरंत प्रश्न किया, 'अगर आपका बेटा इस स्थिति में आपके पास लाया जाता, तो क्या आप उसके घावों पर दवाई लगाने के लिए दस्ताने पहनने तक का इंतजार करते?'

ऐसी मां थीं मदर टेरेसा।

मदर टेरेसा दिन-रात गरीबों की सेवा में लगी रहती थीं। वह जरूरतमंदों तक खुद पहुंच जाती थीं। एक बार उन्हें पता चला कि एक बहुत ही गरीब परिवार है जिसके घर आज खाना नहीं बना है। वह वहां चावल लेकर पहुंचीं। परिवार में एक महिला और आठ बच्चे थे। मदर टेरेसा को देखकर घर की महिला खड़ी हुई और उनसे चावल पाकर बार-बार धन्यवाद देने लगी। वह बोली, 'मदर आप जरा बैठें, मैं अभी आई।' वह मदर टेरेसा के दिए चावलों को लेकर घर से बाहर चली गई।

महिला का अजीब व्यवहार देखकर मदर असमंजस में पड़ गई और घर के कोने में रखी एक टूटी-सी कुर्सी पर बैठ गईं। कुछ देर बाद वह महिला लौटी तो चावल का पात्र खाली था। यह देखकर मदर बोलीं, 'आप कहां गई थीं?' महिला बोली, 'मेरे निकट की झोपड़ी में एक मुस्लिम परिवार के सदस्य कई दिनों से भूखे थे। उस परिवार में भी छोटे-छोटे बच्चे हैं। उन्हें इन चावलों की आवश्यकता मेरे परिवार से कहीं ज्यादा थी। मैं उन्हें चावल देने गई थी।'

मदर महिला की ओर गर्व से देख ही रही थी, तभी महिला का पुत्र एक डिब्बा लेकर आया और बोला, 'मदर, यह लीजिए।' मदर हैरानी से देखते हुए बोली, 'इसमें क्या है?' बालक बोला, 'मुझे चीनी बहुत पसंद है। इसलिए मेरी मां भोजन के समय थोड़ी चीनी खाने को देती थी। मैं कई बार उस चीनी को बचा कर डिब्बे में इकट्ठा कर लेता था कि मन करने पर खाऊंगा।

हमारी बस्ती में अनेक बच्चे भूखे हैं और आप भूखों को भोजन बांट रही हैं तो यह चीनी भी उन बच्चों को दीजिएगा। वे चीनी के साथ सूखी रोटी भी अच्छे से खा सकेंगे।' मदर टेरेसा मां और बालक की मानवीयता देखकर अभिभूत हो गईं और बोलीं, 'धन्य है यह देश जहां स्वयं भूखे रहकर भी लोग दूसरों की भूख मिटाने का प्रयास करते हैं।' इस घटना के बाद उन में परोपकार की भावना और भी अधिक तीव्र हो गई।

मदर टेरेसा दीन दुखियों की एक सच्ची सेविका थीं। अपने इस उद्देश्य के लिए उन्हें धन की भी आवश्यकता पड़ती थी।

एक बार वे कुष्ठ रोग से पीड़ित लोगों के इलाज के लिए चंदा इकट्ठा कर रही थीं। इसी सिलसिले में उन्होंने कोलकाता के बाजार में एक दुकानदार के आगे अपना दायां हाथ फैलाकर चंदा मांगा। परन्तु उस दुकानदार ने चंदा देने की बजाय उनके हाथ पर थूक दिया।

यह देख कर मदर टेरेसा ने अपना दायां हाथ पीछे कर बांया हाथ आगे कर दिया और बोलीं- वह तो मेरे लिए था। अब कुष्ठ रोगियों के लिए भी कुछ दे दीजिए।

मदर टेरेसा का विनम्र स्वभाव देखकर वह व्यक्ति उनके चरणों में गिर कर माफी मांगने लगा। फिर उसने मदर टेरेसा की मदद भी की।

मदर टेरेसा कहती थीं- प्यार की भूख रोटी की भूख से भी बड़ी होती है। अतः हमें अपने चारों ओर प्यार ही प्यार बांटना चाहिए प्यार पाकर इंसान अपने अभाव भूल जाता है।

उनका ख़याल था ख़ूबसूरत लोग हमेशा अच्छे नहीं होते लेकिन अच्छे लोग हमेशा ख़ूबसूरत होते हैं। दया और प्रेम भरे शब्द छोटे हो सकते हैं लेकिन वास्तव में उनकी गूँज की कोई सीमा नहीं होती। यदि जीवन जो दूसरों के लिए नहीं है तो वह जीवन नहीं है। हम सभी महान कार्य नहीं कर सकते हैं परंतु महान कार्य करने वालों से प्रेम तो कर सकते हैं। उनका कहना था कल जा चुका है, कल अभी आया नहीं है। हमारे पास तो केवल आज है चलिए शुरुआत करते हैं।

मानवता की सेवा करने वाली इस संत को कई पुरस्कार एवं सम्मानों से भी नवाजा गया जिनमें विशेष है-

1979 का नोबेल शांति पुरस्कार एवं पद्मश्री तथा भारत रत्न सम्मान। इन्हें एक संत की पदवी भी प्रदान की गई है।

संत की उपाधि दिये जाने की घोषणा पर मिशनरीज ऑफ चैरिटी की सिस्टर बनीजा ने कहा था- मदर टेरेसा समाज , गरीबों और चर्च को ईश्वर का दिया अनोखा उपहार था।

5 सितंबर 1997 में 87 वर्ष की उम्र में कोलकाता में हार्ट अटैक के कारण यह पुण्य आत्मा सदा के लिए इस दुनिया को अलविदा कह गई। आज मदर टेरेसा तो हमारे बीच नहीं हैं पर उनकी मिशनरी आज भी देश में समाज सेवा कार्यों में लगी है आज भी पूरे विश्व में ऐसे ही महान लोगों की आवश्यकता है जो मानवता को सबसे बड़ा धर्म समझे।

मदर टेरेसा आज भी कई बार अपने मिशनरी में नज़र आती होंगी जब किसी ग़रीब की भूख मिटती होगी। जब कोई बच्चा खिलखिलाकर हंसता होगा। जब किसी बे-सहारे को

सहारा मिलता होगा। जिस आत्मीयता के साथ उन्होंने भारत के इतनी दुखियों की सेवा की है, उसके लिए देश सदैव उनका ऋणी रहेगा।

मदर टेरेसा की मानव सेवा अतुलनीय है वे समाज से परिष्कृत कुष्ठ रोगियों की भी तन मन धन से सेवा करती थीं। उनका सानिध्य पाकर वे अपना दुख दर्द भूल जाते थे जैसे बच्चा अपनी माँ के पास रहकर। ऐसे ममतामयी हृदय के कारण ही वे मदर टेरेसा कहलाती हैं। उनकी जन्मभूमि भले ही यूगोस्लाविया थी परन्तु उनकी कर्मभूमि भारत ही थी और उन्होंने भारतीय वेशभूषा को ही अपनाए रखा।

11

महान् भारतीय वैज्ञानिक

बालक रमन तमिलनाडु के तिरुचिरापल्ली शहर में अपने माता-पिता एंव सात भाई बहिनों के साथ रहता था। वह मेधावी छात्र था। हर काम बहुत जोश और उत्साह से करता था। वह काम तो शुरू कर लेता लेकिन जल्दी ही उसका मन भटकने लगता और उस काम में उसका मन नहीं लगता। काम चाहे कोई भी हो। यदि किताब पढ़ने बैठता तो आधी-अधूरी पढ़कर छोड़ देता। इसी कारण उसे कुछ भी याद नहीं रखता था। उसकी इस आदत से

उनके पिता बहुत परेशान थे। वे किसी तरह बालक रमन को सुधारना चाहते थे। उन्होंने एक तरकीब सोची।

एक बार जब वह अख़बार पढ़ रहे थे तो उन्होंने आवाज़ लगायी- रमन बेटा, यहाँ आओ मैं तुम्हें एक ऐसा जादू दिखाता हूँ यह तुमने आज तक नहीं देखा होगा। रमन इतना सुनते ही दौड़ा दौड़ा अपने पिता के पास आ गया। उन्होने दिखा कि उनके पिता के हाथ में एक एंप्लीफायर ग्लास (आतिशी शीशा) है। उसके पिता ने अख़बार मेज़ पर रख कर शीशे को उसके ऊपर घुमाया और बोले- ध्यान से देखो बेटा यह क्या हो रहा है।

रमन कुछ देर तो यह सब देखता रहा फिर बोला- पिताजी मुझे तो इसमें कुछ ख़ास नहीं दिख रहा। मैं जा रहा हूँ।

- रुको रुको। अभी तो ऐसा जादू चालू होगा जो तुमने कभी नहीं देखा होगा।पिता ने बालक को रोकते हुए कहा।

रमन उत्सुकतावश रुक गया। उसके पिता ने उस आतिशी शीशे को अख़बार पर एक जगह टिकाया। सूरज से आने वाली बिखरी हुई किरणें इकट्ठी होकर एक बिंदु के रूप में दिखने लगीं। धीरे-धीरे वह जगह, जहाँ वह बिंदु दिख रहा था, भूरी होने लगी। अचानक उससे बदबू आने लगी और वह जलने लगी। वहाँ से हल्का-हल्का धुआँ निकलने लगा। अंततः अख़बार में एक छेद हो गया। रमन यह सब बड़े ध्यान से देख रहा था।

तब रमन के पिताजी बोले- बेटा आज तुमने एकाग्रता की शक्ति देखी है कि किस तरह इस आतिशी शीशे ने अपनी एकाग्रता से इस अख़बार को जलाकर रख दिया। जब मैं इसे इधर-उधर घुमा रहा था तब इसने कुछ असर नहीं दिखाया था। इसी तरह यदि हम भी अपने जीवन में सफलता प्राप्त करना चाहते हैं तो हमें अपनी एकाग्रता बढ़ानी होगी। लक्ष्य की ओर बढ़ना होगा तभी सफलता मिलेगी। रमन को एकाग्रता की शक्ति समझने में देर न लगी। उस दिन के बाद उसके जीवन में ऐसा बदलाव आया कि वह सफलता हासिल करता चला गया। आगे चलकर उसी बालक रमन, जिसका पूरा नाम चंद्रशेखर वेंकट रमन था, ने प्रकाश के बिखरने के कारण की खोज की जिसे 'रमन प्रभाव' के रूप में जाना जाता है।

रमन का जन्म 7 नवम्बर 1888 को तमिलनाडु के तिरुचिरापल्ली शहर के निकट तिरुवनईकवल नामक गाँव में हुआ था। उनके पिता का नाम चंद्रशेखर अय्यर व माता का नाम पार्वती अम्माल था। वह अपने माता-पिता की दूसरे नंबर की संतान थे। उनके पिता चंद्रशेखर अय्यर ए.वी. नरसिम्हाराव महाविद्यालय, विशाखापत्तनम, (आधुनिक आंध्र प्रदेश) में भौतिक विज्ञान और गणित के प्रवक्ता थे। उनके पिता को पढ़ने का बहुत शौक़ था इसलिए उन्होंने अपने घर में ही एक छोटी-सी लाइब्रेरी बना रखा थी। इसी कारण रमन का विज्ञान और अंग्रेज़ी साहित्य की पुस्तकों से परिचय बहुत छोटी उम्र में ही हो गया था। संगीत के प्रति उनका लगाव भी छोटी आयु से आरम्भ हुआ और आगे चलकर उनकी वैज्ञानिक खोजों का विषय बना। उनके पिता एक कुशल वीणा वादक थे जिन्हें वह घंटों वीणा बजाते

हुए देखते रहते थे। इस प्रकार बालक रमन को प्रारंभ से ही बेहतर शैक्षिक वातावरण प्राप्त हुआ।

छोटी उम्र में ही रमन विशाखापत्तनम चले गए। वहां उन्होंने सेंट अलोय्सिअस एंग्लो-इंडियन हाई स्कूल में शिक्षा ग्रहण की। रमन अपनी कक्षा के बहुत ही प्रतिभाशाली विद्यार्थी थे और उन्हें समय-समय पर पुरस्कार और छात्रवृत्तियाँ मिलती रहीं। उन्होंने अपनी मैट्रिकुलेशन की परीक्षा 11 साल में उत्तीर्ण की और एफ ए की परीक्षा मात्र 13 साल के उम्र में छात्रवृत्ति के साथ पास की। वर्ष 1902 में उन्होंने प्रेसीडेंसी कॉलेज मद्रास में दाखिला लिया। उनके पिता यहाँ भौतिक विज्ञान और गणित के प्रवक्ता के तौर पर कार्यरत थे। वर्ष 1904 में उन्होंने बी.ए. की परीक्षा उत्तीर्ण की। प्रथम स्थान के साथ उन्होंने भौतिक विज्ञान में 'गोल्ड मैडल' प्राप्त किया। इसके बाद उन्होंने 'प्रेसीडेंसी कॉलेज' से ही एम. ए. में प्रवेश लिया और मुख्य विषय के रूप में भौतिक शास्त्र को चुना। एम. ए. के दौरान रमन कक्षा में कम ही जाते और कॉलेज की प्रयोगशाला में कुछ प्रयोग और खोजें करते रहते। उनके प्रोफेसर उनकी प्रतिभा को भली-भांति समझते थे इसलिए उन्हें स्वतंत्रतापूर्वक पढ़ने देते थे। प्रोफ़ेसर आर. एल. जॉन्स ने उन्हें अपने शोध और प्रयोगों के परिणामों को 'शोध पेपर' के रूप में लिखकर लन्दन से प्रकाशित होने वाली 'फिलॉसफ़िकल पत्रिका' को भेजने की सलाह दी। उनका यह शोध पेपर सन् 1906 में पत्रिका के नवम्बर अंक में प्रकाशित हुआ। उस समय वह केवल 18 वर्ष के थे। वर्ष 1907 में उन्होंने उच्च विशिष्टता के साथ एम ए की परीक्षा उत्तीर्ण कर ली।

रमन का विवाह 6 मई 1907 को लोकसुन्दरी अम्मल से हुआ। ईश्वर की अनुकंपा से उन्हें दो पुत्ररत्नों की प्राप्ति हुई – चंद्रशेखर और राधाकृष्णन।

रमन के अध्यापकों ने उनके पिता को सलाह दी कि वह उनको उच्च शिक्षा के लिए इंग्लैंड भेज दें परन्तु खराब स्वास्थ्य के कारण वह उच्च शिक्षा के लिए विदेश नहीं जा सके। अब उनके पास कोई विकल्प नहीं था इसलिए वो ब्रिटिश सरकार द्वारा आयोजित एक प्रतियोगी परीक्षा में बैठे। इस परीक्षा में रमन ने प्रथम स्थान प्राप्त किया और सरकार के वित्तीय विभाग में अफ़सर नियुक्त हो गये। रमन कोलकाता में सहायक महालेखापाल के पद पर नियुक्त हुए और अपने घर में ही एक छोटी-सी प्रयोगशाला बनाई। जो कुछ भी उन्हें दिलचस्प लगता उसके वैज्ञानिक तथ्यों के अनुसन्धान में वह लग जाते। कोलकाता में उन्होंने 'इण्डियन एसोसिएशन फॉर कल्टिवेशन ऑफ साइंस' के प्रयोगशाला में अपना अनुसन्धान जारी रखा। हर सुबह वो दफ्तर जाने से पहले परिषद की प्रयोगशाला में पहुँच जाते और दफ्तर के बाद शाम पाँच बजे फिर प्रयोगशाला पहुँच जाते और रात दस बजे तक वहाँ काम करते। वो रविवार को भी सारा दिन प्रयोगशाला में गुजारते और अपने प्रयोगों में व्यस्त रहते।

वर्ष 1921 में उन्हें कलकता विश्वविद्यालय के प्रतिनिधि के रूप में राष्ट्रमण्डल के विश्वविद्यालयों की एक सभा में भाग लेने के लिए इंग्लैण्ड भेजा गया । इसी समुद्र यात्रा के दौरान भूमध्य सागर के गहरे नीले पानी ने उनका ध्यान बरबस ही अपनी ओर खींचा,

फलस्वरूप उन्होंने पानी, हवा, बर्फ आदि पारदर्शक माध्यमों के अणुओं द्वारा परिक्षिप्त होने वाले प्रकाश का अध्ययन करना प्रारम्भ कर दिया ।

उन्होंने अपने अनुसन्धानों से यह सिद्ध कर दिया कि पदार्थ के भीतर एक विद्युत तरल पदार्थ होता है, जो सदैव गतिमान रहता है । इसी तरल पदार्थ के कारण केवल पारदर्शक द्रवों में ही नहीं, बल्कि बर्फ तथा स्फटिक जैसे पारदर्शक पदार्थों और अपारदर्शी वस्तुओं में भी अणुओं की गति के कारण प्रकाश किरणों का परिक्षेपण हुआ करता है अपने शोधों पर लगातार अथक प्रयास के चलते सर सी वी रमन ने प्रकाश के प्रकीर्णन को खोज निकाला जिसे आगे चलकर रमन प्रभाव का नाम दिया गया. साल 1930 में इसी रमन प्रभाव के चलते चंद्रशेखर वेंकटरमन को साल 1930 में भौतिकी के क्षेत्र में नोबेल पुरस्कार दिया गया।

आप सोच रहे होंगे कि आखिर ये रमन प्रभाव क्या है और भौतिकी की दुनिया में इसका कितना प्रभाव है? रमन प्रभाव के अनुसार जब एक-तरंगीय प्रकाश (एक ही आवृत्ति का प्रकाश) को विभिन्न रसायनिक द्रवों से गुजारा जाता है, तब प्रकाश के एक सूक्ष्म भाग की तरंग-लंबाई मूल प्रकाश के तरंग-लंबाई से भिन्न होती है। तरंग-लंबाई में यह भिन्नता ऊर्जा के आदान-प्रदान के कारण होता है।

जब ऊर्जा में कमी होती है तब तरंग-लंबाई अधिक हो जाता है तथा जब ऊर्जा में बढ़ोतरी होती है तब तरंग-लंबाई कम हो जाता है। यह ऊर्जा सदैव एक निश्चित मात्रा में कम-अधिक होती रहती है और इसी कारण तरंग-लंबाई में भी परिवर्तन सदैव निश्चित मात्रा में होता है। दरअसल, प्रकाश की किरणें असंख्य सूक्ष्म कणों से मिलकर बनी होती हैं, इन कणों को वैज्ञानिक 'फोटोन' कहते हैं।

'रमन इफ़ेक्ट' की खोज 28 फरवरी 1928 को हुई। रमन ने इसकी घोषणा अगले ही दिन विदेशी प्रेस में कर दी। प्रतिष्ठित वैज्ञानिक पत्रिका 'नेचर' ने उसे प्रकाशित किया। उन्होंने 16 मार्च, 1928 को अपनी नयी खोज के ऊपर बैंगलोर स्थित साउथ इंडियन साइन्स एसोसिएशन में भाषण दिया। इसके बाद धीरे-धीरे विश्व की सभी प्रयोगशालाओं में 'रमन इफेक्ट' पर अन्वेषण होने लगा।

वर्ष 1934 में रमन को बेंगलुरु स्थित भारतीय विज्ञान संस्थान का निदेशक बनाया गया। उन्होंने स्टील की स्पेक्ट्रम प्रकृति, स्टील डाइनेमिक्स के बुनियादी मुद्दे, हीरे की संरचना और गुणों और अनेक रंगदीप्त पदार्थों के प्रकाशीय आचरण पर भी शोध किया। उन्होंने ही पहली बार तबले और मृदंगम के संनादी (हार्मोनिक) की प्रकृति की खोज की थी। वर्ष 1948 में वो इंडियन इंस्टिट्यूट ऑफ़ साइंस (आईआईएस) से सेवानिवृत्त हुए। इसके पश्चात उन्होंने बेंगलुरू में रमन रिसर्च इंस्टीट्यूट की स्थापना की।

चंद्रशेखर वेंकट रमन को विज्ञान के क्षेत्र में योगदान के लिए अनेक पुरस्कारों से सम्मानित किया गया।

- वर्ष 1924 में रमन को लन्दन की 'रॉयल सोसाइटी' का सदस्य बनाया गया

- 'रमन प्रभाव' की खोज 28 फ़रवरी 1928 को हुई थी। इस महान खोज की याद में 28 फ़रवरी का दिन भारत में हर वर्ष 'राष्ट्रीय विज्ञान दिवस' के रूप में मनाया जाता है
- वर्ष 1929 में भारतीय विज्ञान कांग्रेस की अध्यक्षता की
- वर्ष 1929 में नाइटहुड दिया गया
- वर्ष 1930 में प्रकाश के प्रकीर्णन और रमण प्रभाव की खोज के लिए उन्हें भौतिकी के क्षेत्र में प्रतिष्ठित नोबेल पुरस्कार मिला
- वर्ष 1954 में भारत रत्न से सम्मानित
- वर्ष 1957 में लेनिन शांति पुरस्कार से सम्मानित किया गया।

सर रमन ने सन् 1943 में बैंगलोर के समीप रमन रिसर्च इंस्टीट्यूट की स्थापना की। इसी संस्थान में वे जीवन के अंत तक अपने प्रयोग करते रहे और अध्ययन रत रहे।

21 नवम्बर 1970 को बैंगलोर में इस महान भारतीय और वैज्ञानिक का देहांत हो गया। उस समय उनकी आयु 82 वर्ष थी।

वैज्ञानिक प्रतिभाओं में यूरोप और अमेरिका श्रेष्ठ क्यों है? भारतीय वैज्ञानिक प्रतिभाएं श्रेष्ठ क्यों नहीं हैं? ये सवाल रमन के दिमाग में हमेशा घूमते रहते थे। विज्ञान के क्षेत्र में भारत को श्रेष्ठ बनाने के लिए उन्होंने देश के नौजवानों को विज्ञान के प्रति जाग्रत किया। इसके लिए रमन को देश के कई महानगरों में तरह – तरह की सभाओं को संबोधित करना पड़ा। उनके भाषण से बहुत से नौजवानों को प्रेरणा मिली। जिसकी बदौलत विक्रम साराभाई, होमी जहांगीर भाभा और के.आर. रामनाथन जैसे युवा वैज्ञानिकों ने पूरे विश्व में अपना और अपने देश का नाम रोशन किया.

हम सब को सर रमन के कार्यों और उपलब्धियों पर बड़ा गर्व है। वे एक महान भौतिकशात्री और वैज्ञानिक के साथ-साथ महामानव भी थे। अभिमान और लोभ उन्हें छू भी नहीं पाया था। वे सतत् सत्य की खोज में लगे रहे और उसे प्राप्त किया।

12

मंजिल अभी दूर है

काफी पुरानी बात है। सन् 1910 के आसपास की। उन दिनों दक्षिणी अफ्रीका के फीनिक्स में एक आश्रम की स्थापना हुई। उसमें एक स्कूल भी खोला गया जिसका उद्देश्य बच्चों को सच्चा ज्ञान बाँटना था। इसी आश्रम के एक शिक्षक, पारंपरिक शिक्षा प्रणाली से हटकर बड़े ही अनोखे ढंग से अपना काम करते थे। उनका सोचना था कि शिक्षा का असर दिमाग के साथ-साथ दिल पर भी होना चाहिए।

एक दिन की बात है उस शिक्षक ने पाँचवीं कक्षा के कुछ छात्रों से एक प्रश्न का उत्तर लिखने के लिए कहा। उन छात्रों में कुछ छात्र बहुत तेज दिमाग के थे तथा कुछ पढ़ने-लिखने में साधारण भी थे।

जब सभी छात्रों ने उत्तर लिख लिए तक शिक्षक ने कॉपियां जाँचनी शुरू कीं। कुछ देर बाद, जब सारी कॉपियां जाँची जा चुकीं तब शिक्षक ने एक कॉपी उठाई और उस पर लिखे नाम को पढ़कर उस उस छात्र को खड़े होने के लिए कहा।

जब वह छात्र सब छात्रों के सन्मुख आकर खड़ा हो गया तब शिक्षक ने उसकी पीठ थपथपाई और कहा- शाबाश! आज तुमने बहुत अच्छा काम किया है। लगता है तुमने काफी मेहनत की है। यह कहकर शिक्षक ने उस छात्र की कॉपी सबको दिखाई। उसे 10 में से 5 अंक प्राप्त हुए थे।

यह देख कर कुछ छात्र हैरान हो रह गए जिन्हे हमेशा की तरह उस छात्र से कहीं अधिक अंक मिले थे। परंतु फिर भी शिक्षक उनके स्थान पर कम अंक लाने वाले छात्र की प्रशंसा कर रहे थे। यह बात उनकी समझ से बाहर थी।

तब एक छात्र से रहा नहीं गया और उसने पूछ ही लिया- गुरु जी! हमारे समझ में यह बात नहीं आ रही कि आप हमारे स्थान पर हम से कम अंक लाने वाले छात्र की इतनी प्रशंसा क्यों कर रहे हैं। इसके स्थान पर हमारी क्यों नहीं?

छात्र के इस प्रश्न पर वह शिक्षक मुस्कुराए और बोले- मैने इस छात्र की प्रशंसा इसके अंको के आधार पर नहीं की है अपितु इसके सतत् प्रयासों के कारण की है। इसने पिछली बार से एक अंक अधिक प्राप्त किया है जो इसके मेहनतकश होने का सुबूत है। यदि मैं इसकी प्रशंसा नहीं करुंगा तो इसे भविष्य में मेहनत करने का जुनून कैसे होगा?

रही बात तुम्हारी प्रशंसा की? वह मैने इसलिए नहीं की क्योंकि लगातार मिलने वाली सफलता और प्रशंसा से व्यक्ति दंभी हो जाता है। दंभी होना प्रगति में रुकावट पैदा करता है। मैं नहीं चाहता कि तुम सब क्षणिक सफलता के दंभ में मेहनत करना छोड़ दो क्योंकि मंजिल अभी बहुत दूर है।

शिक्षक के इस उत्तर के आगे सभी छात्र नतमस्तक हो गए।

जानते हो ऐसा सच्चा ज्ञान देने वाले गुरु कौन थे? श्री मोहनदास करमचंद गांधी जिन्हें हम प्यार से बापू भी कहते हैं। उन्होंने ही दक्षिणी अफ्रीका में हो रही रंग भेद नीति के विरुद्ध अपनी आवाज उठाई थी।

13

एक नया सितारा

हरियाणा के करनाल शहर में एक दंपती अपनी छोटी सी बच्ची का हाथ पकड़े टैगोर बाल निकेतन स्कूल के ऑफिस में पहुंचा। वह अपनी बच्ची के एडमिशन के लिए आया था।

ऑफिस में प्रिंसिपल ने पूछा- बच्चे के पिता का नाम क्या है?

पुरुष ने उत्तर दिया- मैडम मैं, बच्ची का पिता- बनारसी लाल चावला और फिर अपनी पत्नी की ओर इशारा करके कहा-यह संजयोती है, बच्ची की माँ।

प्रिंसिपल ने एक नजर बच्ची की ओर डाली और फिर बड़े प्यार से पूछा- बेटी, तुम्हारा नाम क्या है?

- मंटो। बच्ची ने जवाब दिया।

- यह तो तुम्हारा घर का नाम हुआ ना। स्कूल में क्या लिखवाना है।

इस पर बच्ची की माँ बोली- मैडम, हमने तीन-चार नाम सोचे हैं। पर अभी तक समझ नहीं आ रहा कौन सा रखें।

यह कहकर बच्ची की माँ ने तीनों-चारों नाम बताए।

सभी नाम सुनकर मंटो तपाक से बोली- कल्पना। मेरा नाम कल्पना रखो। मुझे कल्पना नाम अच्छा लगता है।

- मगर क्यों, तुम्हें कल्पना नाम क्यों अच्छा लगता है? प्रिंसिपल ने मुस्कुरा कर पूछा।

- क्योंकि कल्पना का अर्थ होता है सपना। और मुझे भी सपने देखना अच्छा लगता है। मंटो ने जवाब दिया।

मंटो का नाम स्कूल में उसकी इच्छानुसार कल्पना लिखवा दिया गया।

कल्पना की जन्म तारीख क्या है? प्रिंसिपल ने फिर पूछा।

इस पर पति-पत्नी एक दूसरे का मुँह देखने लगे। फिर धीरे से बोले- 1 जुलाई 1961 जबकि वे जानते थे कि उसकी जन्म तारीख 17 मार्च 1962 है। परंतु सही उम्र बताने पर स्कूल में एडमिशन नहीं मिलने का डर था क्योंकि मंटो की उम्र एडमिशन की निर्धारित उम्र से एक वर्ष कम थी। इसलिए उन्हें उसकी उम्र एक वर्ष ज्यादा दिखानी पड़ी। वे अपनी बच्ची का इसी स्कूल में एडमिशन चाहते थे क्योंकि यह उनके घर के नजदीक था। चार भाई-बहनों में सबसे छोटी मंटो भले ही उम्र में छोटी थी परंतु बहुत ही होनहार थी अतः उसे तुरंत स्कूल भेजना भी जरूरी था।

भगवान की कृपा से सब कुछ ठीक हो गया और कल्पना स्कूल जाने लगी। पढ़ने-लिखने में तो होशियार थी ही, धीरे-धीरे सीढ़ियां चढ़ने लगी।

एक दिन स्कूल से आकर कल्पना अपनी माँ से बोली- माँ, आज स्कूल में सभी बच्चों ने फर्श पर भारत का नक्शा बनाया तथा उसमें रंग भरे। एक प्रोजेक्ट था। सब ने मिलकर उसे पूरा किया।

- तुमने भी किया होगा? माँ ने पूछा।

- नहीं मुझे वह पसंद नहीं था। मैंने तो मेरी कक्षा के छत को काले चार्ट पेपर से सजा कर उसके ऊपर चमकीले डॉटस लगा दिए यानी कि आसमान और उसमें अनगिनत सितारे। हमारा अंतरिक्ष।

कल्पना की बात सुनकर माँ समझ गई कि उसकी बेटी को अंतरिक्ष में अत्याधिक रुचि है क्योंकि वह अक्सर देखती थी- कल्पना खुले आसमान के नीचे सोना पसंद करती है और फिर कई-कई घंटो तक आसमान में सितारों को निहारती रहती है।

अब कल्पना दसवीं कक्षा में आ गई थी। एक स्कूल में गणित की कक्षा चल रही थी। टीचर ने अलजेब्रा में नल सेट कॉन्सेप्ट समझाते हुए कहा - इसे ठीक-ठीक समझने के लिए मैं तुम्हें एक उदाहरण देती हूँ। भारतीय महिला एस्ट्रोनॉट नल सेट का परफेक्ट एग्जांपल है,

क्योंकि अभी तक कोई भी भारतीय महिला अंतरिक्ष में नहीं गई है।

कक्षा में बैठी कल्पना ने धीरे से कहा- हो सकता है कुछ दिनों बाद यह खाली ना रहे और नल सेट के उदाहरण बनने के काबिल ना रहे। कक्षा में सभी सखियां उसके मुँह की ओर देखने लगीं। शायद यह भविष्यवाणी थी।

समय बीता कॉलेज में प्रवेश लेने का वक्त आ गया था। क्या सब्जेक्ट लिया जाए- सभी के सामने यह प्रश्न था।

- मैं तो इंजीनियरिंग करूंगी- कल्पना ने अपने घर में ऐलान कर दिया।

- नहीं, नहीं तुम्हें डॉक्टर या टीचर बनना चाहिए। लड़कियों के लिए यही काम ठीक रहता है। कल्पना के पिता ने उसे समझाया और माँ भी इसी पक्ष में थी परंतु कल्पना अपनी जिद पर अड़ी रही। आखिरकार माँ-बाप को कल्पना की हठ के आगे झुकना पड़ा और कल्पना ने इंजीनियरिंग में प्रवेश ले लिया।

इंजीनियरिंग में एयरोनॉटिकल ब्रांच लेते वक्त टीचर्स ने उसे बहुत समझाया- लड़कियों के लिए यह सही नहीं है। देखना, कोई भी लड़की तुम्हारा साथ नहीं देगी। तुम्हें अकेले ही पढ़ना होगा।

- मुझे परवाह नहीं है। कल्पना ने कहा। मैं अकेली ही पढ़ लूंगी। मुझे तो बस पढ़ने से मतलब है और दृढ़ निश्चयी कल्पना ने अकेले ही अपनी पढ़ाई जारी रखी। उसने अपने परिवार और शहर को एक लड़की होकर भी एयरोनॉटिकल इंजीनियर बन कर दिखा दिया।

परंतु अभी कल्पना की उड़ान पूरी नहीं हुई थी। वह आगे और पढ़ना चाहती थी। परंतु अब भला उसे कौन रोक सकता था और वह आगे बढ़ती गई। इतनी आगे एक दिन अंतरिक्ष तक पहुंच कर ही दम लिया।

अब तक तो आप जान ही गए होंगे कि यह नन्ही बालिका कल्पना कौन थी? यह थी हमारी कल्पना चावला- अंतरिक्ष में जाने वाली प्रथम भारतीय महिला। एक छोटे से शहर करनाल में जन्म लेकर उसने अपनी कल्पनाओं में स्वयं रंग भरे और उन्हें ऊँचे मुकाम तक पहुँचाया। चंडीगढ़ इंजीनियरिंग कॉलेज से एयरोनॉटिकल इंजीनियरिंग करने के बाद 1982 में वह अमेरिका चली गई और 1984 में वहाँ की टेक्सास यूनिवर्सिटी से एयरोस्पेस इंजीनियरिंग की। 1988 में वह नासा के लिए चुनी गई और 1995 में अंतरिक्ष यात्रा के लिए उनका चयन हो गया। 19 नवंबर 1997 को एस.टी.एस.87 कोलंबिया शटल से उसने अंतरिक्ष यात्रा के लिए उड़ान भरी। उड़ान के दौरान वह 372 घंटे अंतरिक्ष में रही और 5 सितंबर 1997 को धरती पर लौट आई।

उसने अंतरिक्ष के लिए दूसरी उड़ान 16 जनवरी 2003 को स्पेस शटल कोलंबिया से भरी। यह 16 दिन का प्रोजेक्ट था। अंतरिक्ष में रहकर अपने छह अन्य साथियों के साथ कल्पना चावला ने कई तरह के अनुसंधान किए तथा कई जानकारियां हासिल कीं परंतु दुर्भाग्यवश 1 फरवरी 2003 को लैंडिंग से पहले ही, टेक्सास के ऊपर यह सर्फेस शटल दुर्घटनाग्रस्त हो गई और अपने 6 साथियों के साथ कल्पना चावला भी अंतरिक्ष में विलीन हो गई।

आज भले ही कल्पना चावला हमारे मध्य नहीं है परंतु वह हमारे लिए एक मिसाल है। उसने अपने सपने सच करके यह साबित कर दिया कि भारत की बेटियाँ किसी से कम नहीं हैं। लगन और हौसलों से सपने पूरे किए जा सकते हैं।

सदा यह कहने वाली कि मैं अंतरिक्ष के लिए ही बनी हूं और अंतरिक्ष में ही मरूंगी, वह अपना मिशन पूरा करके इस दुनिया को अलविदा भी कह गई। तब से अंतरिक्ष में एक नया सितारा चमकने लगा।

14

भूल हमारी है

अर्ध रात्रि हो चली थी। राजा अपने शयनकक्ष में गहरी नींद सोए हुए थे। राजा की सुरक्षा के लिए कई प्रहरी भी थे परंतु वह बालक शायद कुछ ज्यादा ही निडर या शातिर था अतः सबकी नजरों से बचता हुआ राजा के कक्ष में आ पहुंचा। उसके हाथ में तलवार भी थी। वह बालक राजा को मारने की इरादे से उनके पलंग तक गया और उन पर वार करने ही वाला था कि राजा के विश्वासपात्र एवं अंगरक्षक तानाजी ने उसका हाथ पकड़ लिया क्योंकि वह काफी देर से उस बालक की हरकतों पर नजर रखे हुए थे।

हालांकि तानाजी ने यह सब चुपचाप ही किया परंतु फिर भी शयन कक्ष की शांति भंग हो गई और राजा की नींद खुल गई। उठ कर राजा ने देखा एक बालक तलवार हाथ में लिए बंदी बना खड़ा है। वह समझ गए कि वह बालक उन्हें मारने आया था।

वे बड़े आश्चर्यचकित हुए और उन्होंने पूछा- बालक इतनी छोटी उम्र में इतना खतरनाक संकल्प? मुझे समझ में नहीं आ रहा कि आखिर तुम मुझे क्यों मारना चाहते थे?

इस पर बालक ने उत्तर दिया- महाराज मेरे पिताजी एक सैनिक थे। उनकी मृत्यु हो गई है। मेरी माँ भी बहुत दिनों से बीमार है अतः हमारे घर में अन्न का एक दाना तक नहीं है। मैं कई दिनों की से काम की तलाश में भटक रहा था कि मेरी मुलाकात आपके शत्रु सुभागराय से हो गई।

महाराज साँस रोके उस बालक की बात सुन रहे थे। वह जानते थे कि सुभागराय उनके प्राणों का प्यासा है।

- क्या कहा सुभागराय ने? उन्होंने पूछा।

तब बालक ने बताया- सुभागराय ने मुझसे कहा- यदि तुम राजा को मार दोगे तो मैं तुम्हें बहुत सा धन भी दूँगा और आजीवन तुम्हारा भरण-पोषण करता रहूँगा।

राजा बड़े आश्चर्यचकित हुए। वे बोले- परंतु तुम्हें यह भी तो पता था कि तुम पकड़े जा सकते हो।

- हाँ पता था। यही सोच कर ही आया था कि या तो मुझे मृत्यु दंड मिलेगा या बहुत सा धन।

उसकी बात सुनकर तानाजी बोले- ठीक है, मृत्युदंड के लिए तैयार हो जाओ क्योंकि तुमने तुम्हारा अपराध स्वयं ही स्वीकार कर लिया है। यह कहकर वे उसे कैद-खाने की ओर ले जाने को हुए।

इस पर बालक बोला- ठहरिए! पहले एक बार मैं अपनी माँ से मिलकर आ जाता हूँ। मेरी माँ बहुत बीमार है। मैं उन्हे प्रणाम कर कल सुबह आ जाऊँगा। फिर आप मुझे मेरे अपराध की सजा दे सकते हैं।

बालक की बात सुनकर तानाजी हँसे और बोले- अरे वाह! भला छोड़ने के बाद भी कोई वापस आता है?

परंतु राजा ने कहा- नहीं इसे जाने दो। यह कल जरूर आएगा।

सचमुच वैसा ही हुआ। अगले दिन सुबह वह बालक दरबार में आ गया और उसने आत्मसमर्पण कर दिया।

तब राजा ने कहा- तानाजी, मैं जानता था यह बालक जरूर आएगा क्योंकि यह हमारे वीर सैनिक का बेटा है। भूल हमारी है कि हमने हमारे सैनिक की मृत्यु के उपरांत उसके परिवार का ध्यान नहीं रखा अतः यह ऐसा जघन्य अपराध करने के लिए मजबूर हो गया। इसे क्षमा कर दो तथा इनके आजीवन भरण-पोषण की व्यवस्था भी कर दो।

उस दिन से उस राजा ने यह ऐलान भी कर दिया कि हमारे सैनिकों की मृत्यु के पश्चात हम उनके परिवार का उचित भरण-पोषण भी करेंगे। पूरे दरबार में राजा की जय-जयकार गूँज उठी।

जानते हो यह राजा कौन थे यह थे? मराठा शासक छत्रपति शिवाजी।

शिवाजी का जन्म 19 फरवरी 1630 को शिवनेरी दुर्ग में हुआ था। इनके पिता का नाम शाहजी भोंसले तथा माता का नाम जीजाबाई था। शिवाजी की माँ को उनके पिता ने प्रायः त्याग दिया था अतः शिवाजी का बचपन दादाजी कोंडदेव, माँ जीजाबाई तथा समर्थ गुरु रामदास की देखरेख में हुआ। शिवाजी के जीवन पर अपनी माँ जीजाबाई का बहुत प्रभाव रहा। वे बचपन से ही धीर-वीर और गंभीर थे। शिवाजी एक कुशल और प्रबुद्ध सम्राट थे। वह तुलजा भवानी के उपासक थे। कहते हैं कि खुद देवी माँ ने प्रकट होकर उन्हें तलवार भी प्रदान की थी। इन्होंने मुगलों का डटकर मुकाबला किया। वे साम्राज्य का विस्तार करते रहे। वह युद्ध कला में निपुण थे तथा उनकी छापामार युद्ध कला काफी प्रसिद्ध थी।

शिवाजी एक आदर्श चरित्रवान व्यक्ति थे तथा स्त्रियों का बहुत सम्मान करते थे। हारे हुए राजाओं की स्त्रियों को वे ससम्मान वापिस भिजवा देते थे। शिवाजी के सैन्य व्यवस्था के विशिष्ट लक्षण थे और उन्होंने 250 किलों का भी निर्माण भी करवाया था। वे गुरिल्ला युद्ध के आविष्कारक थे। 14 मई 1640 में इनका विवाह सईबाई निंबालकर के साथ लालमहल पुणे में हुआ। लंबी बीमारी के चलते 1680 में वीर छत्रपति शिवाजी ने दम तोड़ दिया और उनके साम्राज्य को उनके बेटे संभाजी ने संभाल लिया। परंतु संभाजी में अपने पिता की कर्मठता तथा दृढ़ संकल्प का अभाव था। हाँ इन्हे विश्व की प्रथम बाल साहित्यकार होने का गौरव अवश्य हासिल है।

15
महामना पंडित

प्रयाग (इलाहाबाद) में चौक के निकट एक गली में एक बीमार कुत्ता पड़ा था। चोट लगने से उसे घाव हो गया था, कीड़े पड़ गए थे। वह छटपटाता चिल्ला रहा था। मगर कोई उसकी मदद नहीं कर रहा था। तमाशबीन थोड़ी देर तक तमाशा देखते और फिर अपने काम पर निकल जाते थे।

तभी मदनमोहन नामक एक बारहवर्षीय बालक उधर से गुजरा। कुत्ते की पीड़ा देखकर वह दयार्द्र हो उठा। वह तुरंत एक डॉक्टर के पास गया और कुत्ते की पीड़ा बता कर उससे दवा ले आया। दवा लाकर उसने कुत्ते के घाव पर लगानी आरंभ की।

दवा तेज थी। कुत्ता पीड़ित अवस्था में गुर्राने लगा और दाँत दिखाने लगा।

कई तमाशबीनों ने कहा- अरे बच्चे! हट जाओ। वह तुम्हें काट लेगा।

पर बालक ने न केवल उस दिन वह दवा लगाई बल्कि उसने नियमित दवा लगाकर उस कुत्ते को चंगा कर दिया।

हृदय में पीड़ितों के प्रति करुणा की भावना रखने वाला यही बालक मदन मोहन बड़ा होकर बनारस हिंदू विश्वविद्यालय का संस्थापक महामना पंडित मदन मोहन मालवीय बना। क्योंकि वे सबसे पहले एक धर्मप्राण सहृदय इनसान थे इसी कारण वह महामना के नाम से भी प्रसिद्ध हुए थे।

1857 की क्रांति की असफलता के बाद भारतीय जनमानस निराश सा हो गया था। ऐसे में 25 दिसम्बर, 1861 को तीर्थराज प्रयाग जिसे स्वतंत्र भारत में इलाहाबाद कहा जाता है, में बालक मदन मोहन का जन्म हुआ। वे अपने माता पिता से उत्पन्न कुल सात भाई बहनों में से पांचवें पुत्र थे। मध्य भारत के मालवा प्रांत से प्रयाग आप बसे उनके पूर्वज मालवीय कहलाते थे। इन्होंने आगे चलकर न केवल भारतीय संस्कृति का संरक्षण किया वरन् शिक्षा के द्वारा परम्परागत तथा आधुनिक ज्ञान-विज्ञान के समन्वित विकास एवं प्रसार से पराधीन राष्ट्र के आत्मविश्वास एवं स्वाभिमान को बढ़ाया।

मदन मोहन मालवीय के पितामह प्रेमधर जी संस्कृत के बड़े विद्वान थे। धर्म के प्रति उनकी बड़ी गहरी निष्ठा थी। पितामह की तरह पितामही भी धर्मनिष्ठ और शील सम्पन्न थीं। मदन मोहन के पिता ब्रजनाथजी धर्मनिष्ठ एवं संस्कृत के विद्वान तथा राधाकृष्ण के अनन्य भक्त थे। परिवार की आर्थिक दशा काफी दयनीय होते हुए भी वे कभी दान नहीं लेते थे। मदन मोहन की माता श्रीमती मूना देवी जी स्वभाव की बड़ी सरल और हृदय की बड़ी कोमल थी।

मदन मोहन पर परिवार की आर्थिक दशा का, माता के शील तथा स्नेह का, पिता और पितामह के धर्म के प्रति अनुराग का गहरा प्रभाव पड़ा। उनका जीवन धर्मनिष्ठ, भगवद्भक्ति, दीनबन्धु समाजसेवी के रूप में विकसित हुआ। उन्होंने अपनी पिचहत्तरवीं वर्षगांठ पर कहा "पितामह, पितामही, पिता और माता बड़े धर्मात्मा, सदाचार और निःस्वार्थ ब्राह्मण थे, उन्हीं के प्रसाद से मैं इतना काम कर सका हूँ।"

मदन मोहन को पाँच वर्ष की आयु में विद्यारंभ कराया गया। उन्हें प्राच्य और पाश्चात्य दोनों ही तरह की शिक्षाओं का गहराई से अनुशीलन करने का अवसर मिला। पहाड़ा एवं सामान्य गणित पढ़ने वे एक महाजनी पाठशाला में जाते थे। उसके उपरांत उन्होंने धर्मज्ञानोपदेश पाठशाला में संस्कृत, धर्म और शारीरिक शिक्षा पाई। फिर वे धर्म प्रवर्द्धिनी पाठशाला के विद्यार्थी बने। इस प्रकार उन्हें परम्परागत भारतीय ज्ञान, धर्म, दर्शन का अच्छा अभ्यास हो गया।

सन् 1868 में प्रयाग में गर्वनमेण्ट हाईस्कूल खुला। मदन मोहन ने इसमें प्रवेश लिया। यहाँ बड़े परिश्रम से अंग्रेजी की शिक्षा ग्रहण की। साथ ही साथ वे संस्कृत का भी ज्ञान प्राप्त

करते रहे। यहीं उन्होंने 'मकरंद' के उपनाम से कवितायें लिखनी शुरू कर दीं। उनकी कविताएँ पत्र-पत्रिकाओं में ख़ूब छपती थीं। लोग उन्हें बड़े चाव से पढ़ते थे।

इसके उपरांत मदन मोहन म्योर सेन्ट्रल कॉलेज में पढ़ने लगे। मासिक छात्रवृति मिल जाने से उनका आर्थिक संकट कुछ हद तक कम हुआ। 1881 में एफ.ए. की परीक्षा उत्तीर्ण की और 1884 में कलकता विश्वविद्यालय से बी.ए. की परीक्षा विशेष योग्यता के साथ उत्तीर्ण की। पारिवारिक जिम्मेदारियों के कारण वे एम.ए. की परीक्षा में नही बैठ सके। उन्होंने सरकारी उच्च विद्यालय में पहले 40 रूपये और बाद में 60 रू मासिक वेतन पर अध्यापक पद स्वीकार कर लिया।

समाज सेवा के प्रति मदन मोहन मालवीय की लगन छात्र जीवन से ही थी। समाज सेवा हेतु छात्र जीवन में ही उन्होंने 'साहित्य सभा एवं 'हिन्दू समाज' नामक संस्थाओं की स्थापना की थी। सरकारी नौकरी महामना को बाँधे नही रख सकी। तीन वर्षो तक सरकारी नौकरी में रहने के बाद उन्होंने नौकरी छोड़ दी।

1886 में कांग्रेस के द्वितीय अधिवेशन में महामना के भाषण ने राष्ट्रीय नेताओं को काफी प्रभावित किया। अब वे कालाकाँकर आकर दैनिक समाचार पत्र 'हिन्दुस्तान' का सम्पादन करने लगे। 1887 से 1889 तक इस कार्य को सफलता पूर्वक किया। महामना की बहुमुखी प्रतिभा इसी तथ्य से स्पष्ट है कि समाचार पत्र के सम्पादन के साथ-साथ उन्होंने वकालत की पढ़ाई जारी रखी।

1893 में वकालत की परीक्षा उत्तीर्ण कर आप इलाहाबाद उच्च न्यायालय में वकालत करने लगे।

वकालत के क्षेत्र में उनको बहुत ख्याति मिली परंतु इस क्षेत्र में मालवीयजी की सबसे बड़ी सफलता चौरी-चौरा कांड के अभियुक्तों को फाँसी से बचा लेने की थी।

चौरी-चौरा कांड के 170 भारतीयों को फाँसी की सजा सुनाई गई थी, किंतु मालवीय जी के बुद्धि-कौशल ने अपनी योग्यता और तर्क के बल पर 151 लोगों को फाँसी से छुड़ा लिया। इस केस की ख्याति सारे देश में ही नहीं, अपितु सारे विश्व में फैल गई। केस की तैयारी के लिए वे सायं कुर्सी पर बैठ जाते थे और सैकड़ों पुस्तकों को पढ़कर अपने काम की सामग्री निकाल लेते थे। वे पूरी-पूरी रात जागकर केस की तैयारी करते थे। अग्रेज जज तक उनकी तीक्ष्ण बुद्धि पर आश्चर्य प्रकट करते थे।

मालवीय जी का विश्वास था कि राष्ट्र की उन्नति तभी संभव है, जब वहाँ के निवासी सुशिक्षित हों। बिना शिक्षा के मनुष्य पशुवत् माना जाता है। मालवीय जी नगर-नगर की गलियों तथा गाँवों में शिक्षा का प्रचार-प्रसार में जुटे थे। वे जानते थे की व्यक्ति अपने अधिकारों को तभी भली भाँति समझ सकता है, जब वह शिक्षित हो। संसार के जो राष्ट्र आज उन्नति के शिखर पर हैं, वे शिक्षा के कारण ही हैं।

राष्ट्र की सेवा के साथ ही साथ नवयुवकों के चरित्र-निर्माण के लिए और भारतीय संस्कृति की जीवंतता को बनाए रखने के लिए मालवीयजी ने काशी हिन्दू विश्वविद्यालय

की स्थापना की कल्पना की। 4 फरवरी 1916 बसंत पंचमी के पावन अवसर पर काशी हिन्दू विश्वविद्यालय की स्थापना वाराणसी में की गई जिसे अधिकतर लोग बी.एच.यू के नाम से जानते हैं।

विश्वविद्यालय की स्थापना के लिए आर्थिक मदद माँगने के लिए वे स्थान-स्थान पर गए। वे हैदराबाद के निज़ाम के पास भी गए। मगर हैदराबाद के निज़ाम ने उन्हें मदद देने से इनकार करते हुए कहा- मैं आपको सिर्फ़ मेरा जूता दे सकता हूँ। मदनमोहन जी निज़ाम से जूता लेकर आ गए और राजमहल से निकल कर चौराहे पर खड़े होकर जूते को नीलाम करने लगे और बोले- निज़ाम के पास मुझे देने के लिए कुछ नहीं था इसलिए यह जूता दिया है। आपकी नज़र में जो इसकी जो क़ीमत है, वह मुझे दे दो।

जब यह बात हैदराबाद के निज़ाम तक पहुँची तो उन्होंने पंडित मदन मोहन मालवीय को दरबार में बुलाकर सम्मान के साथ आसन पर बिठाया और फिर 10 लाख रुपये का सबसे बड़ा दान देकर उनको विदा किया।

विश्वविद्यालय के लिए भूमि की भी आवश्यकता थी अत: वे काशी नरेश के पास गए। काशी नरेश उस समय गंगा स्नान कर के बाहर निकले थे और उन्होंने ज़मीन माँग ली।

नरेश ने कहा- दे दूँगा लेकिन एक शर्त है। सूरज ढलने तक लंबाई-चौड़ाई में जितनी ज़मीन पैदल चलकर नाप सकोगे उतनी ही ज़मीन मिलेगी। पंडित मालवीय जी राज़ी हो गए और जितना हो सका उतनी ज़मीन नाप ली और विश्वविद्यालय के लिए दान में ले ली।

मदन मोहन जी एक उदार दिल इन्सान थे। विश्वविद्यालय के प्राध्यापक उद्दण्ड छात्रों को उनकी गलतियों के लिए आर्थिक दंड दिया करते थे मगर छात्र उस दंड को माफ़ कराने के लिए विश्वविद्यालय के कुलपति मालवीय जी के पास पहुँच जाते थे और महामना उसे माफ़ भी कर देते थे। यह बात शिक्षकों को अच्छी नहीं लगी और वह मालवीयजी के पास आकर बोले- महामना आप उद्दंड छात्रों का आर्थिक दंड माफ़ करके उनका मनोबल बढ़ा रहे हैं। अनुशासन बनाए रखने के लिए उनके दंड माफ़ न करें। मगर मालवीय जी ने कहा कि ग़रीब छात्रों के पास दंड के लिए भुगतान करने हेतु धन नहीं होता है मैं स्वयं भुक्तभोगी हूँ। अपनी बात याद आते मेरे हाथ स्वयं ही छात्रों के प्रार्थना पत्र पर क्षमा लिख देते हैं।

'सिर जाए तो जाए प्रभु मेरो धर्म न जाए' मालवीय जी का जीवन वृत्त था। यह आदर्श उन्हें अपनी पितामह प्रेमधर चतुर्वेदी से मिला था।

मालवीय जी भारत को हिंदू राष्ट्र स्वीकारते थे। अस्तु, यहाँ के निवासी हिंदू हैं। उनको अपने राष्ट्र को हिंदू राष्ट्र कहना चाहिए। न्याय और धर्म की बात यह है कि प्रत्येक देश तथा जाति के लोग अपने देश में स्वाधीन हों, अपने विचारों को प्रकट करने में स्वतंत्र हों और वे अपने ऊपर स्वयं राज करें। सबको रोजी-रोटी मिले। अपने देश में अपने ऊपर स्वयं राज करें। पराधीनता की बात स्वप्न में भी नहीं सोचनी चाहिए। यदि इस्लाम धर्म के मानने वाले हिंदुओं के साथ हिल-मिलकर रहना चाहते हैं, तो उन्हें हिंदुओं के धर्म का आदर करना चाहिए।

गौ, गंगा व गायत्री मालवीय जी के प्राण थे। गंगा के लिए वे लगातार सक्रिय रहे। मालवीय जी ने सन् 1913 में हरिद्वार में बांध बनाने की अंग्रेजों की योजना का विरोध किया था। उनके दबाव में अंग्रेज सरकार को झुकना पड़ा था। तत्कालीन भारत सरकार ने महामना के साथ समझौता किया था। इस समझौते में गंगा को हिन्दुओं की अनुमति के बिना न बांधने व 40 प्रतिशत गंगा का पानी किसी भी स्थिति में प्रयाग तक पहुंचाने की शर्त शामिल थी। मालवीय जी ने काशी हिन्दू विश्वविद्यालय में बाकायदा एक बड़ी गौशाला बनवायी थी। इस गौशाला को देखरेख के लिए विश्वविद्यालय के कृषि कालेज को सौंपा गया था। गंगा उन्हें इस कदर प्यारी थीं कि उन्होंने न सिर्फ गंगा के लिए बड़े आंदोलन किए वरन गंगा को विश्वविद्यालय के अन्दर भी ले गये थे, जिससे कि पूरा प्रांगण हमेशा पवित्र रहे।

मालवीय जी सन 1919 से 1939 तक विश्वविद्यालय के कुलपति रहे। शरीर की शिथिलता के कारण जब उत्तर दायित्व का निर्वहन करना उनके लिए दुष्कर हो रहा था तब उन्होंने त्यागपत्र देने का निश्चय किया। उनके पश्चात डॉक्टर सर्वपल्ली राधाकृष्णन को विधिवत कुलपति निर्वाचित किया गया।

अस्वस्थ होते हुए भी वे विद्यार्थियों की यथासंभव सहायता करते थे। वे नियमित रूप से प्रति सप्ताह रविवार को गीता प्रवचन में जाते थे। वे बेहुदा शिवाजी हाल जाते। कसरती नवयुवकों के हृष्टपुष्ट शरीर को देखकर प्रसन्न होते व उन्हें आशीर्वाद भी देते थे। उन्हें व्यायाम बहुत अच्छा लगता था। वह स्वयं भी 60 वर्ष की अवस्था तक नियमित व्यायाम करते रहे थे।

ईश्वर भक्ति और देश भक्ति मालवीय जी के जीवन के दो मूल मंत्र थे। महामना पंडित मदन मोहन मालवीय जी का विद्यार्थियों को उपदेश था-

सत्येन ब्रह्मचर्येण व्यायामेनाथ विद्यया।

देशभक्त्याऽत्यागेन सम्मानर्हः सदाभव।।

अथार्त सत्य, ब्रह्मचर्य, व्यायाम, विद्या, देशभक्ति, आत्मत्याग द्वारा अपने समाज में सम्मान के योग बनो।

मालवीय जी विद्यार्थियों से यह भी कहा करते थे-

विद्यार्थियों तुम ईश्वर का ज्ञान चाहते हो, तो अपने मन को पवित्र कर मेरी बातों को सुनो।

भारत का भविष्य, संपदा, समृद्धि और विकास से तय नहीं होनेवाला। अब यह चरित्र से तय होगा। भारतीय जीवन में, समाज में, परिवार में अगर चरित्र नहीं बचा, तो इस देश का भविष्य नहीं है। याद रखिए, चरित्र का अर्थ सेक्स नहीं है। यह व्यापक अर्थ रखता है। अंततः राजनीतिक चरित्र ही देश में एक नयी आभा, आलोकपुंज और इस गहरे अंधेरे में रोशनी का केंद्र बन सकता है। गुलाम और अशक्त भारत को जिन लोगों ने नयी राह दिखाई, वे दुनिया में अपने चरित्र के कारण एक नयी रोशनी की तरह लगे।

भारत के राष्ट्रीय आदर्श वाक्य 'सत्यमेव जयते' को लोकप्रिय बनाने का श्रेय है मालवीय जी को ही जाता है। वह हिंदू मुस्लिम एकता के समर्थक थे। उन्होंने तीन समाचार पत्रों हिंदुस्तान, इंडियन यूनियन और अभ्युदय का संपादन किया। वह नरम दल और गरम दल के बीच कड़ी का काम करते हुए स्वतंत्रता संग्राम के पथ प्रदर्शकों में से एक बने।

उन्होंने 50 साल तक कांग्रेस की सेवा की। उन्होंने प्रभावशाली अंग्रेजी समाचार पत्र 'द लीडर' की स्थापना की। उन्होंने विधवाओं के पुनर्विवाह का समर्थन और बाल विवाह का विरोध करने के साथ ही महिलाओं की शिक्षा के लिए काम किया। उन्होंने हिंदू बोर्डिंग हाउस व गौरी पाठशाला की भी स्थापना की। वे स्वतंत्र विचारों के निर्भीक व्यक्ति थे। वे आर्थिक विकास में आधुनिक विज्ञान और तकनीक की भूमिका से भलीभांति परिचित थे।

गान्धीजी ने बारदौली की कार्यकारिणी में बिना किसी से परामर्श किये सत्याग्रह को अचानक रोक दिया। इससे कांग्रेस जनों में असन्तोष फैल गया और यह खुसुरपुसुर होने लगी कि बड़ा भाई के कहने में आकर गान्धीजी ने यह भयंकर भूल की है। गान्धीजी स्वयं भी पाँच साल के लिये जेल भेज दिये गये। इसके परिणामस्वरूप चिलचिलाती धूप में इकसठ वर्ष के बूढ़े मालवीय ने पेशावर से डिब्रूगढ़ तक तूफानी दौरा करके राष्ट्रीय चेतना को जीवित रखा।

12 नवंबर 1946 को बनारस में उनका निधन हो गया। 24 दिसंबर 2014 को उनकी 153वीं जयंती से एक दिन पहले उन को भारत के सर्वोच्च नागरिक सम्मान भारत रत्न से अलंकृत किया गया।

16

निरपराधी को सज़ा क्यूँ?

उस दिन सभी छात्र मस्ती के मूड में थे। अध्यापक अभी तक कक्षा में नहीं आए थे अतः सभी गपशप करने लगे और अपने साथ लाई हुई मूंगफलियों का आनंद उठाने लगे। बातचीत और हंसी-ठहाके के बीच में उन्हें यह ध्यान ही नहीं रहा कि वे कक्षा में बैठे हैं अतः वे मूंगफली खाते गए और उसके छिलके फर्श पर ही गिराते गए। नतीजतन कक्षा के फर्श पर कचरा ही कचरा फैल गया।

इतनी ही देर में अध्यापक ने कक्षा में प्रवेश किया। फर्श पर फैले हुए कचरे को देख कर उनका पारा चढ़ गया और उन्होंने सभी विद्यार्थियों को एक लाइन में खड़ा कर दिया। तत्पश्चात बोले- तुम सबने मिलकर कक्षा का अनुशासन भंग किया है तथा इसमें कचरा

फैलाया है अतः मैं सबको सजा दूँगा। यह कहकर उन्होंने बेंत निकाली और क्रमवार सभी छात्रों के हाथ पर दो-दो बेंत मारने लगे।

इन छात्रों में एक छात्र ऐसा भी था जिसने मूंगफलियाँ नहीं खाई थीं फलस्वरूप फर्श पर फैले हुए कचरे का जिम्मेवार वह नहीं था। परंतु उसकी भी बारी आई।

तब अध्यापक ने कहा- केशव, अपना हाथ आगे करो।

मगर बालक केशव नहीं अपना हाथ आगे नहीं किया और बोला- श्रीमान जी, मैंने मूंगफलियाँ नहीं खाई हैं अतः फर्श पर कचरा फैलाने में मेरा कोई योगदान नहीं है। इसलिए आप मुझे सजा नहीं दे सकते।

यह सुनकर अध्यापक को बहुत क्रोध आया। उन्हे यह लगा कि वह बालक उनकी आज्ञा की अवमानना कर रहा है। वह क्रोधित होकर बोले- चुपचाप हाथ आगे करो वरना प्रधानाध्यापक जी को शिकायत कर दूँगा।

इस पर वह बालक निडरता से फिर बोला- परंतु जब मैंने अपराध किया ही नहीं तो मैं उसकी सजा क्यों भुगतूँ? अतः मैं हाथ आगे नहीं करूँगा।

केशव के इस रवैए पर अध्यापक तिलमिला उठे और भी सीधे प्रधानाचार्य के कमरे में पहुंच गए। प्रधानाचार्य ने मामले की तहकीकात के लिए बालक केशव को बुला भेजा। परंतु केशव ने प्रधानाध्यापक जी को भी वही उत्तर दिया- श्रीमान जी, जब मैंने गलती ही नहीं की तो फिर मैं मार क्यों खाऊँ? अतः मैं ना तो मार खाऊँगा और ना ही किसी से माफी माँगूगा।

क्रोधित प्रधानाचार्य ने केशव के पिता को बुला भेजा। स्कूल से शिकायत जाने पर पिता घबरा गए और दौड़े-दौड़े स्कूल में आए।

- देखिए आपके बेटे ने अध्यापक का आदेश मानने से इनकार कर दिया है। यह अच्छी बात नहीं है। यदि सारी कक्षा को सजा मिल रही है तो उसे भी मिलेगी ही। प्रधानाचार्य ने केशव के पिता को कहा।

परंतु बालक केशव अपनी बात पर अड़ा हुआ था। वह बोला- पिताजी, मैं सच कह रहा हूँ। मैंने मूंगफलियाँ नहीं खाई अतः मैंने कचरा भी नहीं फैलाया। इसलिए अध्यापक को मुझे सजा देने का कोई अधिकार नहीं है।

इस पर केशव के पिता बोले- प्रधानाचार्य जी, केशव सच कह रहा है। इसने मूँगफलियाँ नहीं खाई होंगी क्योंकि मैंने इसे जेब खर्च ही नहीं दिया था। जब इसके पास पैसे ही नहीं थी तो भला यह मूँगफलियाँ कैसे खरीदता?

केशव की बात के पिता की बात सुनकर प्रधानाचार्य जी बालक की सच्चाई, साहस और दृढ़ संकल्प के सन्मुख नतमस्तक हो गए और बोले- ठीक है यदि इसने अपराध नहीं किया तो इसे सजा नहीं मिलेगी यह कहकर उन्होंने केशव को कक्षा में भेज दिया दिया।

जानते हो बालक केशव की यह निर्भीकता तथा अन्याय के सन्मुख सिर न झुकाने का प्रण उसे बहुत आगे तक ले गया तथा बड़ा होकर वह बालक लोकमान्य बाल गंगाधर तिलक के नाम से प्रसिद्ध हुआ।

तिलक का जन्म 30 जुलाई 1856 को महाराष्ट्र के रत्नागिरी जिले के एक गाँव चिखली में हुआ था। बचपन से ही यह पढ़ने-लिखने में तेज थे खासकर गणित और अंग्रेजी में। अतः उन्होंने शिक्षक बन कर स्कूलों में पढ़ाया भी। ये एक कुशल अध्यापक, साहित्यकार एवं समाज सुधारक थे। इन्होंने अंग्रेजी में 'मराठा-दर्पण' एवं मराठी में 'केसरी' नामक दो दैनिक समाचार पत्र भी शुरू किए जिस में अंग्रेजी शासन की क्रूरता की बहुत आलोचना की जिसकी वजह से इन्हें कई बार जेल भी भेजा गया। जेल में रहकर इन्होंने कई महत्वपूर्ण किताबें लिखी जिनमें गीता-रहस्य प्रमुख है जिसका अनुवाद कई भाषाओं में हुआ है। स्वाधीनता संग्राम में हिस्सा लेने के लिए वह भारतीय कॉन्ग्रेस पार्टी के गरम दल में शामिल हो गए। लाल-पाल-बाल के बाल यही थे।

भारत के लिए संपूर्ण स्वराज्य मांगने वाले यह पहले क्रांतिकारी नेता थे अतः अंग्रेज इन्हें भारतीय अशांति के पिता भी कहते थे। 1916 में इन्होंने एनी बेसेंट और मोहम्मद अली जिन्ना के साथ अखिल भारतीय होमरूल लीग की स्थापना की। सन 1919 में कांग्रेस की अमृतसर बैठक में हिस्सा लेने के लिए अमृतसर गए।

1 अगस्त 1920 को मुंबई में उनकी मृत्यु हो गई। जन-जन में लोकप्रिय होने के कारण ही लोकमान्य का खिताब भी मिला। गांधी जी ने इन्हें भारत 'आधुनिक भारत का निर्माता' तथा जवाहरलाल नेहरू ने 'भारतीय क्रांति का जनक' बताया।

अंग्रेजों को यह कहकर 'स्वराज मेरा जन्मसिद्ध अधिकार है। मैं इसे लेकर ही रहूँगा।' उन्होंने भारत को स्वतंत्र कराने का मुहिम छेड़ दी थी अतः अंत में भारत को स्वतंत्रता प्राप्त हो ही गई।

17

एकता की मूर्ति

सन् 1947 के करीब की बात है। शाम का वक्त था। एक अंग्रेज दंपति न जाने कब से लेजिसलेटिव असेंबली के इर्द-गिर्द चक्कर लगा रहा था। वह ब्रिटेन से भारत भ्रमण की अभिलाषा लेकर आया था। उसी क्रम में आज लेजिसलेटिव असेंबली भवन तक भी आ पहुंचा था।

- कितनी सुंदर इमारत है! उन्होंने आपस में चर्चा की। परन्तु इसका प्रवेश द्वार किधर है? कहीं ऐसा ना हो इसके अंदर जाने पर पाबंदी हो क्योंकि यह एक सरकारी भवन है। इसमें प्रवेश के लिए तो इजाजत की जरूरत होती होगी। किससे लें? कोई दिखाई ही नहीं दे रहा। पुरुष ने स्त्री से कहा।

- तो क्या हम इसे बिना देखे ही लौट जाएंगे? स्त्री ने मायूसी भरे स्वर में कहा।

इतने में ही एक व्यक्ति इमारत के अंदर से निकला। वह देखने में बड़ा साधारण मालूम होता था- बढ़ी हुई दाढ़ी तथा सादे कपड़े। उस दंपति ने यह अनुमान लगाया कि यह व्यक्ति इस इमारत का कोई साधारण कर्मचारी होगा या इसकी साज-संभाल करने के लिए कोई चपरासी। यह हमारी मदद कर सकता है। यह सोचकर पुरुष ने उस व्यक्ति को अपने पास बुलाकर कहा- हम यह भवन देखना चाहते हैं। क्या तुम हमारी मदद कर सकते हो? हम ब्रिटेन से आए हैं।

वह व्यक्ति शायद अपना काम खत्म करके घर जाने की जल्दी में था परंतु उस अंग्रेज दंपति की असेंबली हॉल देखने की अदम्य इच्छा के सन्मुख झुक गया और उसने विनम्र स्वर में कहा- यदि आप असेंबली हॉल घूमना चाहते हैं तो मैं आपको अवश्य ही इस का भ्रमण करा सकता हूं।

फिर क्या था अंग्रेज दंपति को तो मानो मुंह मांगी मुराद मिल गई। वह उस दाढ़ीवाले व्यक्ति के पीछे हो लिए। उस व्यक्ति ने अंग्रेज दंपति को बड़े ही प्रेम सारा असेंबली हॉल घुमाया तत्पश्चात ही जाने की आज्ञा मांगी।

अंग्रेज दंपति को उस व्यक्ति का सरल स्वभाव तथा सेवा भावना ने बहुत प्रभावित किया अतः पुरुष ने अपनी जेब से कुछ धनराशि कर उस व्यक्ति को बक्शीश स्वरूप देते हुए कहा- यह रख लो। तुमने हमारी बहुत मदद की है इसे हमारी ओर से इनाम समझकर स्वीकार करो। तुम्हारे काम आएगी। परन्तु उस व्यक्ति ने नम्रतापूर्वक उस अंग्रेज व्यक्ति द्वारा दी गई राशि को अस्वीकार कर दिया।

इतना घूमने-फिरने के बाद भी उस अंग्रेज दंपती का मन असेंबली हॉल से अभी भरा नहीं था अतः वे अगले दिन फिर उसे देखने आ गए। आज वे यह देखना चाहते थे कि इसके अंदर काम किस प्रकार किया जाता है। असेंबली हॉल की कार्यप्रणाली को देखने के लिए वह वहाँ दर्शक-दीर्घा में लगी हुई कुर्सियों पर बैठ गए।

कुछ ही देर में असेंबली हॉल में लोग एकत्रित होने शुरू हो गए क्योंकि एक सभा होने वाली थी। सभापति के आने का भी समय हो गया था। ठीक समय पर सभापति अपनी जगह पर विराजमान हो गए।

जब अंग्रेज दंपति ने सिर उठाकर सभापति की ओर देखा तो वह भौचक्के रह गए क्योंकि सभापति की कुर्सी पर कोई और नहीं, वही साधारण व्यक्ति था जिसने कल उनको असेंबली हॉल घुमाया था और जिसे इनाम में उन्होंने चंद रुपए देने चाहे थे। यह देखकर उन्हें बड़ी हैरानी हुई तथा मन ही मन ग्लानि भी हुई। इतने बड़े सभापति और इतनी सादगी? वे हैरान

थे।

वे इस बात पर भी हैरान थी कि उस व्यक्ति ने यह क्यों नहीं बताया कि मैं यहां का सभापति हूं। हो सकता था यदि वह ये बता देता तो वे उसके साथ ऐसा व्यवहार नहीं करते।

उस बढ़ी हुई दाढ़ी वाले साधारण व्यक्ति को सभापति की कुर्सी पर बैठे देखकर अंग्रेज व्यक्ति ने अपनी पत्नी से कहा- सच है किसी को उसके रहन-सहन या शारीरिक क्षमता या रूप-रंग से नहीं आँकना चाहिए। हमसे यही भूल हुई है। हमें इनसे माफी माँगनी चाहिए। फिर उन्होंने उस व्यक्ति से माफी भी माँगी।

जानते हो वह सादगी व सौम्यता की मूर्ति कौन थे- हमारे सरदार वल्लभ भाई पटेल जिन्हे लौह-पुरुष भी कहा जाता है।

31 अक्टूबर, 1875 में गुजरात के नडियाद में जन्मे में सरदार वल्लभ भाई पटेल ऐसे ही धनी व्यक्तित्व के मालिक थे। उन्होंने स्वतंत्र भारत को एक अखंड देश बनाने में अपना बहुत योगदान दिया। अग्रेंजी कूटनीति का दमन करते हुए उन्होंने 550 से अधिक स्वतंत्र रियासतों को एकसूत्र- एक देश-विदेश भारत में पिरो दिया। इसीलिए उनके जन्मदिन यानी 31 अक्टूबर को राष्ट्रीय एकता दिवस के रूप में भी मनाया जाता है। इस दिन 'रन फॉर यूनिटी' यानी 'एकता की दौड़' का भी आयोजन किया जाता है।

इस महान् पुरुष की याद में गुजरात में एक 182 मीटर ऊंची मूर्ति 'द स्टैचू ऑफ यूनिटी' यानी 'एकता की मूर्ति' भी बनाई गई है। यह दुनिया की सबसे ऊंची प्रतिमा है जो हमें सदा हमारे लौह पुरुष- सरदार वल्लभ भाई पटेल की याद दिलाती रहेगी।

18

अणुव्रत आंदोलन के सूत्रधार, युग प्रधान

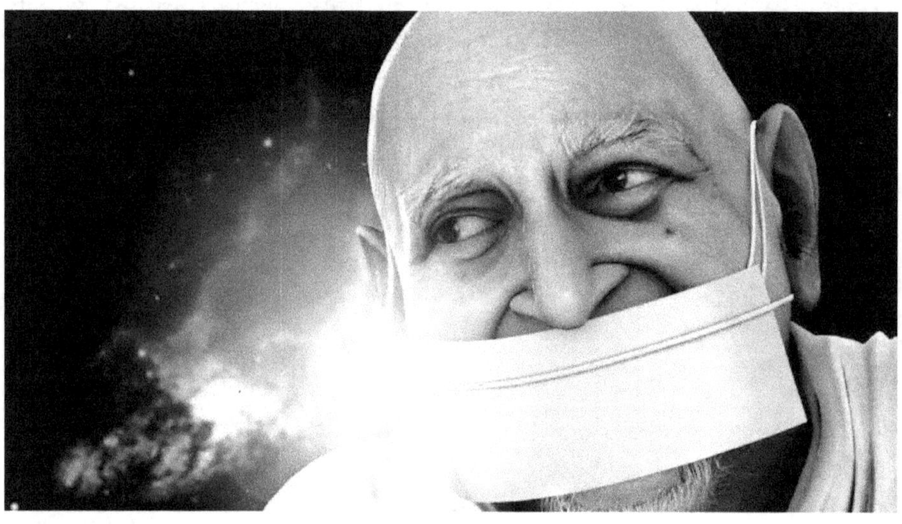

दिनांक 28 अगस्त 1969 कोट्टामपट्टी का घटना प्रसंग है। आचार्य तुलसी कर्नाटक प्रदेश की यात्रा पर थे। कोट्टामपट्टी गांव में एक जुलूस निकल रहा था। वह जुलूस राजनैतिक नहीं, अपितु धर्म और भगवान के नाम पर था। जुलूस के साथ अनेक निरीह प्राणियों का झुंड चल रहा था। अनेकों के हाथ में पशु-पक्षियों के मांस के लोथड़े थे। जुलूस का प्रयोजन पूछने पर ज्ञात हुआ कि अकाल की स्थिति को दूर करने के लिए भगवान् को प्रसन्न करने के लिए यह उपक्रम किया गया है।

आचार्य तुलसी ने सायंकालीन प्रवचन-सभा में ग्रामवासियों को प्रतिबोधित करते हुए कहा- प्राकृतिक प्रकोप से संघर्ष करके उस पर विजय पाना तो बुद्धिगम्य है, पर बेचारे निरीह प्राणियों की बलि देकर देवता को प्रसन्न करना तो मेरी समझ के बाहर है। ऐसी राक्षसीवृत्ति से देवी को प्रसन्न करने की बात पाखण्ड है, अंधविश्वास और जनता को गुमराह बनाना है। मैं उसे ज्ञान की पराकाष्ठा मानता हूं। आज के वैज्ञानिक युग में भी ऐसे क्रूरतापूर्ण कार्य सार्वजनिक रूप से हों और उसे शिक्षित एवं सभ्य कहलाने वाले लोग देखते रहें, इससे बड़ी चिंता एवं शर्म की बात क्या हो सकती

आचार्य श्री की उस ओजस्वी वाणी से अनेक प्रबुद्ध लोग प्रभावित हुए और बलिप्रथा न करने का संकल्प ग्रहण कर लिया। आचार्य श्री की प्रेरणा से राजस्थान के अनेक गांवों के लोग बलिप्रथा से मुक्त हुए हैं।

आचार्य तुलसी का मंतव्य था कि जीवन को पवित्रता की दिशा में ले जाने वाले धर्म में कभी रूढ़ता नहीं आ सकती। वह धर्म सदा जागृत और जीवित रहता है।

आचार्य तुलसी कहते थे कि यदि अनपढ़ समाज में रूढ़ियां पनपती हैं तो आश्चर्य की बात नहीं है लेकिन धर्म जैसे क्षेत्र में यदि रूढ़ियां और अंधविश्वास पनपते हैं तो यह आश्चर्य की बात है। आचार्य तुलसी अपने प्रवचनों में समय-समय पर इस बारे में अपने क्रान्त विचार प्रकट करते रहते थे पदयात्रा के दौरान उनके प्रवचनों से प्रभावित होकर अनेक लोगों ने धार्मिक रूढ़ियों का परित्याग किया।

उनका कहना था कि नास्तिक तो खुले कुएं के समान है, उधर से कोई भी गुजरता है, वह सचेष्ट रहता है। लेकिन ये तथाकथित धार्मिक दरी बिछे हुए कुएं के समान हैं। उस पर बैठने वाला अवश्य ही कुएं में गिर जाता है।

सन् 1968 की घटना है। आचार्य तुलसी प्रवचन दे रहे थे। प्रवचन की समाप्ति पर युवा वकील पाटिल अचानक माईक पर आकर खड़ा हो गया और बोला-"आचार्यजी! मैं कम्युनिस्ट हूं। आज तक धर्म-कर्म में विश्वास नहीं रखता था। मैंने अब तक किसी धर्मगुरु के सामने सिर नहीं झुकाया किन्तु आज आपके विचार सुनकर मेरा मन बदल गया। आपने धर्म के जिस विशुद्ध स्वरूप को प्रकट किया है, उसके अनुसार मुझे आपमें वास्तविक धार्मिकता के दर्शन हो रहे हैं। आज मैं श्रद्धापूर्वक आपको प्रणाम करता हूं।"

अणुव्रत गीत

बदले युग की धारा

नई सृष्टि हो नई सृष्टि हो, अणुव्रतों के द्वारा

बदले युग की धारा।

मानवीय मूल्यों की रक्षा

अणुव्रत का आशय है।

आध्यात्मिकता प्रमाणिकता

उसका अमल हृदय है।

हिंसा के इस गहन तिमिर में
अणुव्रत एक उजारा।।
बदले युग की धारा।

जन्म, पालन पोषण तथा दीक्षा

उपरोक्त अणुव्रत गीत के रचयिता, योगी से युगपुरुष, युग प्रधान, महाप्रतापी संत, अणुव्रत आंदोलन के सूत्रधार, आचार्य तुलसी का जन्म 20 अक्टूबर (कार्तिक शुक्ल द्वितीया) 1914 को नागौर जिले के लाडनूं कस्बे में हुआ था। उनके पिता का नाम झुमर लाल खट्टड़ और मां का नाम वंदना था। उनके पांच भाई तथा तीन बहनें थीं जिनमें आचार्य तुलसी सबसे छोटे थे।

उन्होंने 8 वर्ष की आयु में विद्यालय जाना आरंभ किया।

आचार्य तुलसी के परिवार के लोग सहज ही धर्मानुरागी थे। बच्चे सत्संग आदि में जाया करते थे।

जब जैन धर्म के अष्टमाचार्य श्री कालूगणी जी का आगमन लाडनूं में हुआ, पूज्य श्री कालूगणी जी के प्रवचनों तथा व्यक्तित्व ने बालक तुलसी के पूर्व अजित संस्कारों को जागृत कर दिया और उनके मन में मुनि जीवन के प्रति अनुराग उत्पन्न हुआ।

अतः ग्यारह वर्ष की आयु में ही उन्होंने आचार्य कालूगणी से दीक्षा ग्रहण की। अल्प समय में ही उन्होंने जैन आगम, न्याय, दर्शन आदि अनेक विषयों तथा संस्कृत, प्राकृत, हिंदी आदि भाषाओं में विशेषज्ञता प्राप्त कर ली। लगभग 20,000 श्लोक परिणाम रचनाओं को कठग्र कर लेना उनकी प्रखर प्रतिभा का परिचय था।

ग्यारह वर्षों तक लगातार वे । अपने गुरु के सानिध्य में रहे। बालक तुलसी के संयम अध्ययन, बहुश्रुतता, सहनशीलता, गंभीरता, धीरता, अप्रममता तथा अनुशासननिष्ठा से प्रभावित होकर कालूगणी ने गंगापुर में उन्हें अपने उत्तराधिकारी के रूप में मनोनीत किया।

परंतु युवाचार्य पद पर रहने का सौभाग्य आचार्य तुलसी को मात्र चार दिन का ही मिला। पूज्य कालूगणी दिवंगत हो गए और 22 वर्ष की अल्पायु में उनके युवा कंधों पर विशाल जैन धर्मसंघ का दायित्व आ गया और वे तेरापंथ के नवें आचार्य बन गये।

कार्यक्षेत्र तथा विचारधारा

आचार्य तुलसी के नैतिक एवं चारित्रिक विकास को महत्वपूर्ण मानते थे। नैतिकता के उत्थान के लिए उन्होंने 1949 ई में अणुव्रत आंदोलन का सूत्रपात किया और अणुव्रत आंदोलन से जनमानस को जोड़ने हेतु एक लाख किलोमीटर की पदयात्राएं की।अणुव्रत का अर्थ है- छोटे-छोटे व्रत। उनका कहना था कि यदि व्यक्ति सुधरेगा तभी सामाजिक सुधरेगा और समाज सुधरेगा तभी देश सुधरेगा। यह सब छोटे छोटे नियमों के पालन से संभव हो सकता है।

अणुव्रत के अनुसार ऐसा नहीं हो सकता कि व्यक्ति मंदिर में जाकर भक्त बन जाए और दुकान पर बैठकर क्रूर अन्यायी। वे मानते थे कि भारत की माटी के कण-कण में महापुरुषों

के उपदेश की प्रतिध्वनियां हैं। यहां गांव-गांव में मंदिर हैं, मठ हैं, धर्म स्थान हैं, धर्मोपदेशक हैं फिर भी चारित्रिक दुर्बलता का अनुत्तरित प्रश्न क्यों हमारे समक्ष आज भी आक्रांत मुद्रा में खड़ा है?

अणुव्रत की आचार-संहिता से प्रभावित होकर स्वतंत्र भारत के प्रथम राष्ट्रपति डॉ. राजेन्द्र प्रसाद ने अपनी प्रतिक्रिया व्यक्त करते हुए कहा कि 'आज के युग में जबकि मानव अपनी भौतिक उन्नति से चकाचौंध होता दिखाई दे रहा है और जीवन के नैतिक व आध्यात्मिक तत्वों की अवहेलना कर रहा है, वहां अणुव्रत आंदोलन द्वारा न केवल मानव अपना संतुलन बनाए रख सकता है बल्कि भौतिकवाद के विनाशकारी परिणाम से बचने की आशा कर सकता है।'

अणुव्रत के नैतिकतामूलक कार्यक्रम को पंडित जवाहरलाल नेहरु, लोकनायक जयप्रकाश नारायण, आचार्य विनोबा भावे आदि का समर्थन मिला। आचार्य तुलसी ने नया मोड़ कार्यक्रम चलाकर दहेज, मृत्यु भोज, बाल विवाह, वृद्ध विवाह, पर्दा, अशिक्षा आदि सामाजिक कुरीतियों के विरुद्ध जागृति पैदा की।

आचार्य तुलसी ने यह संदेश दिया इंसान पहले इंसान, फिर हिन्दू या मुसलमान। अणुव्रत की गूंज देश ही नहीं दुनिया में भी हुई। लंदन की टाइम पत्रिका ने भी अणुव्रत आंदोलन की सराहना की।

जब लोग उनका परिचय पूछते, तब वे स्वयं अपना परिचय इस तरह से देते थे- 'मैं सबसे पहले एक मानव हूं, फिर मैं एक धार्मिक व्यक्ति हूं, फिर मैं एक साधनाशील जैन मुनि हूं और उसके बाद तेरापंथ संप्रदाय का आचार्य हूं।'

आचार्य तुलसी सचमुच व्यक्ति नहीं, वे धर्म, दर्शन, कला, साहित्य और संस्कृति के प्रतिनिधि ऋषि-पुरुष थे। उनका संवाद, साहित्य, साधना, सोच, सपने और संकल्प सभी मानवीय-मूल्यों के उत्थान और उन्नयन से जुड़े थे जिनका हर संवाद संदेश बन गया।

सम्मान तथा उपलब्धियाँ

आचार्य तुलसी ने सर्वधर्म सद्भावना और राष्ट्रीय उन्नयन के लिए भी कार्य किया। 1971 में उप राष्ट्रपति वी.वी.गिरी द्वारा उन्हें युग प्रधान की उपाधि दी गई। उन्हें भारत ज्योति पुरस्कार, वाक्पति पुरस्कार प्रदान किया गया। 1993 ई में राष्ट्रीय एकता के प्रयासों के लिए उन्हें इंदिरा गांधी राष्ट्रीय एकता पुरस्कार से नवाजा गया। 1995 ई में महाराणा मेवाड़ फाउंडेशन उदयपुर द्वारा उन्हें हाकिम खां सूरी सम्मान दिया गया।

आचार्य तुलसी ने संप्रदाय से भी अधिक महत्व मानवता को दिया। मानवता के उत्थान के लिए उन्होंने विविध प्रकार के कार्यक्रम प्रारंभ किए थे जिनमें प्रेक्षाध्यान, जीवन-विज्ञान आदि प्रमुख हैं।

उन्होंने नैतिक एवं मानवीय मूल्यों को पोषण देने के लिए जैन विश्वविद्यालय की स्थापना की, करीब 1 लाख किलोमीटर पैदल चले। इन्हीं सब व्यापक गतिविधियों के कारण वे जैनाचार्य की अपेक्षा एक मानवतावादी संत के रूप में अधिक जाने गए।

जैन आचार्य तो वे थे ही, अपने कार्यों से वे 'जनाचार्य' भी बन गए थे। जैन, हिन्दू, मुस्लिम, सिख या अन्य संप्रदायों को मानने वाले लोग भी उनमें आस्था रखते थे। आचार्य तुलसी की पहचान बन गई- वे भीड़ में भी सदा अकेले होते, ग्रंथों से घिरे रहकर भी वे निर्ग्रंथ से दिखते और लाखों लोगों के अपनत्व से जुड़कर भी निर्बंधता को जीते।

आचार्य तुलसी ने कल्पना की कि 21वीं सदी के भारत का निर्माता मानव होगा और वह अणुव्रती होगा। अणुव्रती गृह संन्यासी नहीं होगा, वह भारत का आम आदमी होगा और एक नए जीवन-दर्शन को लेकर भविष्य का मार्गदर्शन तय करेगा।

विश्व में शान्ति और अहिंसा की स्थापना के उद्देश्य से तीन अंतर्राष्ट्रीय सम्मेलन क्रमशः लाडनूं, राजसमन्द और लाडनूं में आयोजित किये गये।

आचार्य महाप्रज्ञ जी, आचार्य महाश्रमण जी तथा साध्वी प्रमुखा कनकप्रभाजी उनके ख़ास शिष्यों के नाम हैं।

18 फरवरी 1994 को सुजानगढ़ में आयोजित मर्यादा महोत्सव में उन्होंने स्वस्थ तथा सर्वगुण संपन्न होते हुए भी, अपने जीते जी आचार्य पद से मुक्त होकर आचार्य महाप्रज्ञ जी को अपना उत्तराधिकारी नियुक्त किया तथा दुनिया के सामने एक मिसाल क़ायम की।

आचार्य तुलसी के सम्मान में एक डाक टिकट भी जारी किया गया।

आचार्य तुलसी की याद में 'आचार्य तुलसी सम्मान' दिया जाता है

आचार्य तुलसी के सम्मान में 'आचार्य तुलसी कृतत्व पुरस्कार' भी प्रदान किया जाता है। यह पुरस्कार उस महिला या संस्था को दिया जाता है जिसने धर्म, नारी-सशक्तिकरण, विज्ञान, शिक्षा, साहित्य, कला, प्रशासन सांस्कृतिक-शिक्षा या सामाजिक कार्यों में विशेष योगदान दिया हो।

साहित्यिक योगदान

आचार्य तुलसी ने हिंदी और राजस्थानी भाषा में लगभग 100 ग्रंथों की रचना की। जिनमें कुछ हैं- एक बूंद, कुहासे में उगता सूरज, धर्म एक कसौटी, अमर गाथा, आचार्य तुलसी के अमर संदेश, अणुव्रत के आलोक में, मेरा जीवन दर्शन, अणुव्रत गति-प्रगति आदि।

आचार्य तुलसी की वाणी में आत्मबल था, उनका स्वयं का जीवन आदर्श के ढांचे में ढला हुआ था। वे कंचन और कामिनी से कोसों दूर थे। उनका आचरण ही उपदेश देता था अतः वे समाज के प्रत्येक वर्ग की दुर्बलता पर अंगुलिनिर्देश करने का अटूट साहस रखते थे। इसके पीछे उनके मन में किसी को हीन प्रदर्शित करने की भावना नहीं थी। उनके अन्तर्मानस में एक ही भावना कार्य कर रही थी कि धर्माचार्यों का जीवन देश की सांस्कृतिक धरोहर को ऊंचा उठाने वाला हो, उनका उच्च जीवन ही जनता के लिए उपदेश हो।

महाप्रयाण

23 जून 1997 को गंगाशहर, बीकानेर में उन्होंने शरीर त्याग दिया।

बीसवीं सदी के आध्यात्मिक क्षितिज पर प्रमुखता से उभरने वाले एक महान संत आचार्यश्री तुलसी की पावन स्मृति का अर्थ है- समाज और देश को उन्नति की दिशाओं

की ओर अग्रसर करना, क्योंकि देश की ज्वलंत राष्ट्रीय समस्याओं के समाधान में उनके अप्रतिम योगदान रहे हैं। सुप्रसिद्ध जैनाचार्य होते हुए भी उनके कार्यक्रम संप्रदाय की सीमा-रेखाओं से सदा ऊपर रहें। उनका दृष्टिकोण असांप्रदायिक था।

आचार्य तुलसी ने कल्पना की कि 21वीं सदी के भारत का निर्माता मानव होगा और वह अणुव्रती होगा। अणुव्रती गृह संन्यासी नहीं होगा, वह भारत का आम आदमी होगा और एक नए जीवन-दर्शन को लेकर भविष्य का मार्गदर्शन तय करेगा।

आचार्य तुलसी ने यह दावा कभी नहीं किया है कि वे इस धरती से भ्रष्टाचार की जड़ें उखाड़ देंगे, परंतु उनका मानना था कि वे सदाचार की प्रेरणा तब तक देते रहेंगे, जब तक कि हर सुबह का सूरज अंधकार को चुनौती देकर प्रकाश की वर्षा करता रहेगा।

हमारा संकल्प हो कि हम आचार्य तुलसी के आदर्शों को जीवन में अपनाएंगे और एक आदर्श समाज निर्माण में सहभागी बनेंगे।

19
'अप्प दीपो भव'

सुबह का वक्त था। दो भाई- अनिल और सुनील स्कूल जाने के लिए तैयार हो रहे थे। अनिल बड़ा था। वह सुनील से पहले तैयार हो गया फिर बस्ता लेकर बोला, "सुनील जल्दी करो। हमें स्कूल के लिए देर हो रही है। मैं तो कब से तैयार हूं परंतु तुम्हारे कारण मुझे भी देरी हो जाएगी। तुम रोज ही ऐसा करते हो। यदि आगे से तुम ऐसा करोगे तो मैं तुम्हें छोड़ कर चला जाया करूंगा।"

भैया की बात सुनकर सुनील हड़बड़ाहट में बस्ता लेकर चलने ही लगा था कि उसने देखा कि उसने जूते तो पहने ही नहीं है।

"जल्दी से मेरे जूते लाओ।" उसने अपने नौकर को आवाज दी।

सुनील की आवाज सुनकर उनका नौकर दौड़ा-दौड़ा आया। उसके हाथ में सुनील के जूते थे। सुनील ने एक नजर जूतों पर डाली। जूतों पर पॉलिश नहीं की गई थी। एक तो पहले ही देर हो रही थी उस पर बिना पॉलिश किए हुए जूते देखकर सुनील का पारा सातवें आसमान पर चढ़ गया।

उसने चिल्लाकर नौकर से कहा, "कितनी बार कहा है कि मेरे जूतों पर पॉलिश करके ही रखा करो। आज तुमने फिर से मेरे जूते पॉलिश करके नहीं रखे। बिल्कुल निक्कमे नालायक हो तुम। जल्दी करो। मुझे देर हो रही है।"

सुनील की डांट सुनकर नौकर ने सिर झुका लिया और चुपचाप जूते पॉलिश करने बैठ गया और कुछ ही देर में सुनील पॉलिश किए हुए जूते पहनकर पहनकर स्कूल चला गया।

दिन भर स्कूल में रहने के बाद तथा फिर घर लौट आने के बाद सुनील अपनी किताबों में व्यस्त हो गया और शाम को खेलने-कूदने निकल गया।

"सुनील चलो खाना खा लो।" रात को साढ़े दस बजे जब मां ने जब आवाज़ लगाई तो सुनील दौड़ा-दौड़ा खाने के कमरे की ओर गया क्योंकि उसे जोरों की भूख लगी थी। रात का खाना परिवार के सभी सदस्य अक्सर साथ किंतु जल्दी ही खा लिया करते थे परंतु आज किसी कारणवश सुनील के बाबूजी बहुत देर से आए थे इसलिए खाने में भी देर हो गई थी।

जब सुनील खाने के कमरे में पहुंचा तो उसने देखा बाबूजी खाने पर बैठे हैं तथा उन के बगल में सदा की भांति मां और अनिल भैया भी बैठे हैं। खाना खाते वक्त अक्सर अनिल भैया ही बाबूजी के बगल में बैठते थे,वह नहीं। यह देख कर कभी-कभी सुनील के मन में ईष्या के भाव भी आते थे। वह भी बाबूजी के पास बगल में बैठकर खाना चाहता था।

"सुनील इधर आओ। आज तुम मेरे पास बैठ जाओ।" जैसे ही सुनील खाने के कमरे में पहुंचा, बाबू जी ने कहा और फिर अनिल को उठाकर सुनील को अपने पास बैठा लिया

यह देख कर सुनील बहुत खुश हुआ क्योंकि आज उसकी कई दिनों की तमन्ना पूरी हो गई थी। वह खुशी-खुशी बाबूजी के पास बैठ गया और खाना खाने लगा।

खाना खाते वक्त बाबूजी सुनील की ओर देखते हुए धीरे से बोले, " बेटा, आज सुबह जो हुआ वह ठीक नहीं हुआ।"

बाबूजी की बात सुनकर सुनील चौंका। वह बोला, "बाबूजी आप क्या कह रहे हैं? मैं कुछ समझा नहीं।"

"बेटा जहां तक हो सके हमें अपना काम स्वयं करना चाहिए। तुम अपने जूते स्वयं भी पॉलिश कर सकते थे। जो काम हम स्वयं कर सकते हैं उन कामों के लिए हमें दूसरे पर निर्भर नहीं रहना चाहिए। हमें महात्मा बुद्ध का सेल्फ हेल्प का सिद्धांत अपनाना चाहिए।"

बाबूजी की बात सुनकर सुनील को सुबह की घटना स्मरण को आई जब उसने अपने नौकर को जूते पॉलिश करने के लिए डांटा था। अच्छा तो बाबूजी सब देख सुन रहे थे सोचकर वह मन ही मन घबराया।

"जी बाबू जी। आगे से मैं अपने जूते स्वयं पॉलिश करूंगा।"

"एक बात और।" बाबू जी ने कहा।

"जी बाबू जी।" सुनील ने सिर झुकाए-झुकाए ही पूछा क्योंकि वह अभी बाबूजी की पहली वाली बात पर ही आत्मग्लानि महसूस कर रहा था।

"बेटा तुमने नौकर को इतनी छोटी सी बात के लिए डांटा वह भी अच्छी बात नहीं है। छोटी-छोटी बातों पर किसी को इस तरह डांटना उसके स्वाभिमान को ठेस पहुंचाता है। तुमने अपने से बड़े नौकर को केवल इसीलिए डांटा कि वह हमारा नौकर है। परंतु यह ठीक नहीं है क्योंकि कोई भी व्यक्ति काम से छोटा बड़ा नहीं होता। हर व्यक्ति समान सम्मान का अधिकारी है चाहे वह किसी भी जाति-धर्म का हो या कोई भी काम करता हो। तुम्हें नौकर को इस तरह नहीं डांटना चाहिए था।"

"जी बाबू जी। आगे से ऐसा नहीं होगा।" सुनील ने सिर झुकाए हुए ही कहा। अपनी गलती पर बहुत शर्मिंदा था।

"परंतु तुम्हे आज की गलती का तो भुगतान करना ही पड़ेगा।" बाबू जी ने फिर कहा।

"वह कैसे?"सुनील ने हैरान होते हुए सिर उठा कर पूछा।

सुनील की बात सुनकर बाबू जी ने उसी नौकर को भीतर बुलाया जिसे अनिल ने डांटा था।

"बेटा तुम्हें इनसे माफी मांगनी चाहिए।" बाबू जी ने नौकर की ओर इशारा करते हुए सुनील से कहा।

बाबूजी की बात सुनील को बड़ी अटपटी लग रही थी। माफी वह भी नौकर से? पर वह बाबूजी की बात टाल नहीं सकता था अतः वह अपने स्थान से खड़ा हुआ और नौकर के आगे हाथ जोड़कर खड़ा हो गया।

बाबूजी की बात सुनकर तथा सुनील को इस तरह हाथ जोड़कर खड़ा हुआ देखकर नौकर बोला, "रहने दीजिए मालिक। इसमें गलती मेरी थी। मुझे जूते पॉलिश करके ही रखने चाहिए थे। मैं आजकल सचमुच बहुत लापरवाह हो गया हूं।"

नौकर की बात सुनकर बाबूजी सुनील की ओर देखकर बोले, "नहीं गलती इसकी थी। इसे तुम्हें इस तरह नहीं डांटना चाहिए था और ना ही इसका तुम्हें छोटे-छोटे कामों के लिए कहना ठीक है। माफी तो इसे मांगनी ही चाहिए।

बाबूजी की बात सुनील कैसे टाल सकता था। वह बोला, "मुझे माफ कर दीजिए काका। मुझे सुबह आपसे इतनी ऊंची आवाज में बात नहीं करनी चाहिए थी। आप भी मेरे बाबूजी समान हैं अतः मुझे आपसे इज्ज़त से बात करनी चाहिए थी।"

सुनील की बात सुनकर नौकर बाबू जी के चरणों में गिर पड़ा और बोला,"आप महान हैं स्वामी। कहां आप इतने उच्चाधिकारी और मैं एक तुच्छ सा नौकर। परंतु फिर भी आप मेरे

मान-सम्मान का कितना ख्याल रखते हैं । सचमुच आपका विशालहृदयी हैं।"

नौकर की बात सुनकर बाबूजी बोले, " मैंने कोई बड़ा काम नहीं किया। ऐसा करके मैं तुम्हारा स्वाभिमान तुम्हें ही लौटाने की कोशिश कर रहा हूं। उसके साथ-साथ अपने पुत्र के मन में भी अच्छे संस्कारों के बीज बोने की कोशिश कर रहा हूं जो उसके जीवनपर्यंत काम आएंगें।"

बाबूजी की बात सुनकर सुनील के साथ-साथ सारा परिवार अपने गृहस्वामी के सद्गुणों के आगे नतमस्तक हो गया।

जानते हो सुनील के बाबू जी कौन थे? हमारे देश के द्विवतीय प्रधानमंत्री- श्री लाल बहादुर जी शास्त्री। देश के प्रधानमंत्री बनने के बावजूद भी वे अपने सद्गुण, सद्भाव और संस्कार नहीं भूले तथा सदैव महात्मा बुद्ध के सिद्धांत अप्प दीपो भव-अपना दीया खुद बनो यानि सेल्फ हेल्प में विश्वास करते रहे।

20

अपने ही घर में बुलावा कैसा?

रोज़ाना की तरह आज भी रानी अपनी छावनी का निरीक्षण करने निकल पड़ी। एक-एक करके सभी से दुआ सलाम हो गई थी परंतु सैनिक बहादुर सिंह अभी भी नजर नहीं आया था। यह देखकर रानी कुछ चिंतित हो गई और उसने तुरंत अपने तोपची गुलाम गौस खाँ को बुलाया और पूछा

- क्या बात है बहादुर सिंह कहीं नजर नहीं आ रहा?

रानी की बात सुनकर सेना का प्रमुख सिर झुका कर बोला- रानी साहिबा, बहादुर सिंह तो अपने गाँव लकारा गया है। उसके घर में उसकी भतीजी की शादी है।

अचानक हुए इस प्रश्न से सेनापति सहम गया था क्योंकि उसने रानी की आज्ञा लिए बगैर ही बहादुर सिंह को घर जाने की अनुमति दे दी थी। वह रानी साहिबा से माफी माँगना ही चाहता था।

परंतु उससे पहले ही रानी बोली- ठीक है मैं भी लकारा जाऊँगी। मेरे जाने का इंतजाम करो।

रानी की बात सुनकर सेना के प्रमुख और गौस खाँ दोनों ही चौंक गए। उन्हे रानी साहिबा से ऐसे बर्ताव की उम्मीद नहीं थी। वे चुपचाप रानी साहिबा की लकारा जाने का इंतजाम करने लगे।

रात की 10:00 बजे थे। लकारा गाँव में अचानक से 10-15 घुड़सवारों ने प्रवेश किया तथा ठीक बहादुर सिंह गुर्जर के घर के सामने आकर रुक गए। शादी का घर था। चहल-पहल भी हो रही थी तथा नाच-गाना भी। इस तरह से घुड़सवारों के आने से रंग में भंग पड़ गया तथा चारों और शोर मच गया- डाकू आ गए, डाकू आ गए। बचाओ। बचाओ।

शोर सुनकर बहादुर सिंह बाहर आया। उसके हाथ में एक तलवार था। वह चिल्ला कर बोला- देखता हूं कौन लूटता है हमें। हिम्मत है तो सामने आओ। मेरी भतीजी की शादी है। मुझे हर हाल में यह विवाह संपन्न करना है।

परंतु उस की ललकार सुन कर घुड़सवार भागने की बजाय घोड़े से नीचे उतर कर उसके सामने आए और बोले- बहादुर सिंह, हम डाकू नहीं हैं। हम तो रानी साहिबा के साथ आए सैनिक हैं। इतनी ही देर में रानी साहिबा ने अपना पल्लू हटाया।

चेहरे पर नजर पड़ते ही बहादुर सिंह चौंका और बोला- रानी साहिबा, आपने यहाँ आने का कष्ट क्यों किया? मुझे बुलवा भेजा होता। मैं दौड़ा चला आता।

बहादुर सिंह की बात सुनकर रानी बोली- ऐसे कैसे तुम्हें बुलवा भेजती? तुम्हारी परिवार में शादी है तुम भला शादी छोड़कर कैसे आते? और हाँ तुमने मुझे शादी में क्यों नहीं बुलाया? देख लो मैं तुम्हारे बिना बुलाए भी आ गई हूं क्योंकि मैं तुम्हारे घर को भी अपना ही घर समझती हूँ और अपने घर में बुलावे की जरूरत नहीं होती।

रानी साहिबा की यह बात सुनकर बहादुर सिंह रानी साहिबा के चरणों में गिर पड़ा और बोला- धन्य है रानी साहिबा। आप अपनी प्रजा को अपना परिवार समझती हैं तथा उनसे इतना स्नेह करती हैं तभी तो आपकी प्रजा भी आपके एक इशारे पर अपने प्राण न्यौछावर करने को तैयार रहती है।

प्रजा को अपना परिवार समझने वाली प्रजा की दुलारी वह रानी कौन थी जानते हो? ये थी हमारी झाँसी की रानी लक्ष्मीबाई जिनका नाम हमारे इतिहास में एक वीरांगना के रुप में स्वर्णिम अक्षरों में अंकित है।

रानी लक्ष्मी बाई का जन्म 19 नवंबर 1828 को वाराणसी शहर के एक मराठी परिवार में हुआ था। उनका नाम मणिकर्णिका तांबे थे परंतु उनके पिता मोरोपंत और माँ भागीरथी उन्हें प्यार से मनु बुलाते थे। बचपन में ही माँ की मृत्यु होने के कारण मनु और उसके पिता पेशवा बाजीराव-2 की शरण में आ गए जहाँ बालिका मनु बाजीराव के पुत्रों नाना साहिब और राव साहब के साथ पलने-बढ़ने लगी। वहीं रह कर बालिका मनु ने तलवारबाजी तथा घुड़सवारी भी सीख ली। वह बचपन से ही निडर और चंचल थी अतः बाजीराव उसे छबीली कहते थे। उसके शौक आम लड़कियों से अलग थे। हरदम पुरुषों की संगति में रहने के कारण वह उन्हीं के सामान निर्भीक हो गई थी। 12-13 वर्ष की आयु में उनका विवाह झाँसी के राजा गंगाधर राव के साथ हो गया।

गंगाधर राव प्रौढ़ व निःसंतान थे। उन्हें मनु से एक पुत्र रत्न की प्राप्ति हुई परंतु अल्प आयु में ही उसकी भी मृत्यु हो गई। अब गंगाधर राव बीमार रहने लगे थे अतः उन्होंने एक पुत्र गोद लिया- दामोदर राव। दुर्भाग्यवश गंगाधर राव की मृत्यु हो गई। अंग्रेजों ने उनके दत्तक पुत्र दामोदर राव को झाँसी का उत्तराधिकारी मानने से इनकार कर दिया फलस्वरूप मनु जिसे अब लक्ष्मीबाई का नाम दे दिया गया था, को झाँसी अंग्रेजी शासन के अधीन करने का आदेश दे दिया। लक्ष्मी बाई अंग्रेजों की कूटनीति को पहचान गई उन्हे पराधीन रहना स्वीकार नहीं था अतः उन्होने दृढ़ निश्चय के साथ यह ऐलान कर दिया कि मैं मेरी झाँसी किसी को नहीं दूंगी और अंग्रेजों से विद्रोह कर दिया फलस्वरूप अंत में लड़ते-लड़ते 18 जून 1858 को 29 वर्ष की आयु में ही वीरगति को प्राप्त हुई।

उन दिनों जब अंग्रेजी साम्राज्य का परचम लहरा रहा था एक स्त्री होकर लक्ष्मीबाई ने जो कर दिखाया वह निश्चित रूप से ही एक क्रांतिकारी कदम था। इसे स्वाधीनता की पहली लड़ाई का प्रमुख विद्रोह भी कहते हैं। कहते हैं यदि सभी एकजुट होकर रहे होते तो हमारा देश 1857 के विद्रोह के बाद ही आज़ाद हो जाता।